zu Weihnachten 2011.
von Eva

```
W0173297
```

ars vivendi

Fundort Geschichte Franken
Ausflüge in die Vergangenheit

Herausgegeben von Horst M. Auer

Ein ars vivendi Freizeitführer

Bei der Realisierung dieses Führers ließen wir größte Sorgfalt walten. Falls dennoch Fakten falsch oder inzwischen überholt sein sollten, bedauern wir dies, können aber in keinem Fall eine Haftung übernehmen.

Die 50 Artikel erschienen in den *Nürnberger Nachrichten*. Sie wurden für diese Ausgabe überarbeitet. Der Abdruck erfolgt mit freundlicher Genehmigung der *Nürnberger Nachrichten* und der Autoren.

Erste Auflage Oktober 2014
© 2014 by ars vivendi verlag GmbH & Co. KG, Cadolzburg
Alle Rechte vorbehalten
www.arsvivendi.com

Typografie und Ausstattung: Armin Stingl, Fürth, und ars vivendi
Umschlagfotografie: Kallmünz, © RICO - Fotolia
Karte: Ingenieurbüro Dieter Ohnmacht, Frittlingen
Lithografie: Reprostudio Schmidt, Nürnberg
Satz: Christine Richert, www.typoholica.de und ars vivendi
Druck: Druckerei Florjancic
Printed in Slovenia
ISBN 978-3-86913-491-8

Inhalt

Vorwort

Jedes Schulkind kennt Asterix, den listigen Gallier mit dem Flügel-
helm, und seinen wohlbeleibten Freund Obelix. Doch von ihren fränkischen Vettern gelingt uns nur ein sehr verschwommenes Bild. Dabei
hat sich nicht nur mit dem keltischen Ringwall auf der Houbirg ein
beeindruckendes Zeugnis aus der Welt der Druiden und Barden erhalten. »Fundort Geschichte« hat diese und andere verschwiegene und
geheimnisvolle Sehenswürdigkeiten aufgespürt.

Oft sind es Schauplätze der Vergangenheit, mit denen sich kuriose, zuweilen auch makabere Begebenheiten verbinden. Das Buch ist als
Lesebuch gedacht, das das Ausgefallene und Sonderliche aufgreift, das
nahezu Vergessene ans Licht bringt: Zum Beispiel die wundersamen
Türkenköpfe von Schloss Dennenlohe und die Spuren des Bauern-
kriegs am Hesselberg, die Hinterlassenschaften eines geheimen Rüs-
tungsprojekts der Nazis in den Bergstollen bei Happurg und die Reste
der verschwundenen Dörfer im oberen Pegnitztal.

Historische Bücher vermitteln selten die ganze Wirklichkeit und
sind häufig unvollständig. Das trifft erst recht auf den Band »Fundort Geschichte« zu, der nicht den Anspruch erhebt, ein umfassendes
Geschichtsbild zu zeichnen. Vielmehr geht es um schlaglichtartige
Rückblicke auf ein wohlbekanntes, überschaubares Gebiet. Solche regionalen Rückblicke eignen sich durchaus als Fixpunkte und Orientie-
rungshilfen in einer schnelllebigen Zeit.

Viele Menschen finden es schön, wenn sie einen Bezug haben zu
der Gegend, in der sie leben. Interesse an der Vergangenheit schafft
einen solchen Bezug. Geschichtsbewusstsein kann deshalb auch der
erste Schritt zu einer regionalen Identität sein.

Horst M. Auer

1 Wassergraf und Radsherr
Die Wasserschöpfräder an der Regnitz bei Möhrendorf

Mit treffsicheren Schlägen werden die Speichen verkeilt. Bis das Werk vollendet ist, müssen rund 600 Einzelteile passgenau Stück für Stück zusammengesetzt werden. Alle sind aus Holz: Krümmlinge und Kümpfe, Armschließen und Flügel. Der Aufbau ist eine anstrengende, zeitraubende und kostspielige Angelegenheit. Nur noch zwei ortsansässige Zimmerleute beherrschen die handwerkliche Kunst. Dank ihrer Fachkenntnis und vieler Helfer ist aus einem großen Stapel von Holzteilen endlich wieder ein agrartechnisches Wunderwerk entstanden: In der Strömung des Flusses dreht sich ein Wasserschöpfrad.

Acht dieser beinahe archaisch anmutenden Veteranen der Landwirtschaft gibt es an der Regnitz bei Möhrendorf noch. Im Mai, nach dem Frühjahrshochwasser, werden sie eingesetzt und im September genauso sorgfältig wieder abgebaut, um für den Winter in Scheunen eingelagert zu werden. Man sagt, dass es die letzten originalen Wasserschöpfräder Mitteleuropas sind.

Im 18. Jahrhundert, als diese Bewässerungstechnik ihre Blütezeit erlebte, waren es bedeutend mehr: Zwischen dem Raum Nürnberg und Forchheim zählte man am linken und rechten Ufer auf einer Strecke von 35 Kilometern insgesamt 250 dieser Holzkonstruktionen. Bei der Anfertigung eines sogenannten Wasserbuchs wurden 1967 noch 17 Schöpfwerke aufgelistet, mit Flurnummern, Eigentümern und Namen. Sie hießen Vierzigmannrad, Schultheißenrad oder Kennerleinsrad.

Das Regnitztal ist seit jeher eine karge, wenig fruchtbare Landschaft. Das kontinentale Klima, die Durchlässigkeit der Sandböden und die windoffene Talaue machen die Gegend zu einem der größten Trockengebiete Bayerns. Mit den Wassergewinnungsanlagen verfügten die Bauern über ein probates Mittel im Kampf gegen Missernten und Hungersnöte. Die flachen Ufer, das geringe Gefälle und die gleichmäßige Wasserführung boten ideale Voraussetzungen für die Bewässerungstechnik.

Die Förderleistung ist beachtlich: »Ein einziges Wasserschöpfrad vermag Wiesenflächen in einer Größenordnung von zwei bis acht

In den Sommermonaten drehen sich bei Möhrendorf die letzten Wasserschöpfräder.

Hektar zu bewässern, die häufig bis zu 500 Meter vom Fluss entfernt liegen können«, schrieb Heimatpfleger Horst Gabbert 1972 in einem Sonderheft zum Thema. Ein doppeltes Rad, das an beiden Radkränzen mit Holzkübeln bestückt ist, sei in der Lage, in einer Saison bis zu 2,5 Millionen Hektoliter Wasser aus dem Fluss zu heben.

Als Urheimat des ausgeklügelten Systems wird Vorderasien angesehen. Möglicherweise handelt es sich bei den Schöpfrädern auch um die Weiterentwicklung der Mühlräder, die hierzulande schon im 11. Jahrhundert Verwendung fanden. Urkundlich genannt werden die Wasserschöpfräder in Zusammenhang mit Wasserrechten erstmals 1413. Die erste Kartierung erfolgte 1594.

Aus dem Jahr 1693 stammt die »Baiersdorfer Wasserordnung«. Sie regelt Ein- und Ausbau, Instandhaltung und Nutzung der Räder durch die Bauern und Radsherren. Es gab ein Wassergericht mit einem Vorsitzenden und sieben Sachverständigen, Wassergraf und Eichmeister. Teile dieser alten Ordnung haben auch heute noch Gültigkeit.

Im Zeitalter von Motorpumpen und landwirtschaftlicher Technisierung vermögen die Schöpfräder ihre ursprüngliche Funktion heute nicht mehr zu erfüllen. Finanzielle Zuwendungen von verschiedenen Seiten, das Engagement von heimatverbundenen Menschen und Patenschaften wie die eines Burschenvereins, der Möhrendorfer CSU und eines örtlichen Stammtisches sichern das Überleben der letzten acht

Zeugnisse dieses Kapitels der fränkischen Technikgeschichte. Sie sind zum Bestandteil des Wappens der Gemeinde und des Landkreises, vor allem aber zum Wahrzeichen einer Landschaft geworden.

Horst M. Auer

INFOS

Möhrendorf liegt einige Kilometer nördlich von Erlangen. An der Regnitzbrücke am östlichen Ortseingang befindet sich ein kleiner Parkplatz. Ein Fußweg führt zum nächstgelegenen Wasser-schöpfrad mit Informationstafel und zu den meisten anderen Rädern, die während der Saison (etwa Mitte Mai bis Mitte September) am Flussufer aufgebaut sind. Weitere Informationen im Internet (www.schoepfraeder.de), bei der Gemeinde (www.moehrendorf. de) oder bei der Wasserradgemeinschaft Möhrendorf, Thomas Fischer, An der Marter 7, 91096 Möhrendorf, Tel. 09131/44554. Mit der Neischl-Grotte im Botanischen Garten in Erlangen ist ein weiterer Fundort (2) ganz in der Nähe.

2 Trugbild einer Höhle
Die Neischl-Grotte im Botanischen Garten von Erlangen

Eine künstliche Tropfsteinhöhle im Frankenland – das klingt nach der sprichwörtlichen Plastikkiefer im Reichswald. Und doch gibt es diese Grotte von Menschenhand. Und zwar nicht im Karst der Fränkischen Alb, sondern mitten in Erlangen. Genauer gesagt im Botanischen Garten der Universitätsstadt.

Die Neischl-Grotte, von der hier die Rede ist, ist knapp 100 Jahre alt und eine Schenkung an die Erlanger Universität. Namensgeber und Erbauer ist der Geologe Adalbert Neischl (1853–1911), einer der namhaftesten Höhlenforscher seiner Zeit.

Erster Standort der originalgetreuen Nachbildung einer Dolomit-Tropfsteinhöhle der Fränkischen Schweiz war Nürnberg. Auf der »Bayerischen Jubiläums-Landes-Ausstellung« im Jahr 1906 war die Neischl-Grotte eine Attraktion. Der Arbeiterschaft in der Industriestadt sollte wenigstens in Form einer Kopie eine Naturschönheit vor Augen geführt werden, die damals nur einem winzigen Kreis von Höhlenkundigen zugänglich war.

Im Lichthof eines Ausstellungsgebäudes stellte Neischl nicht nur den Schichtenaufbau der Frankenalb im Modell dar, sondern bildete auch eine typische Jurahöhle kunstvoll nach. Im Innern entstanden mächtige Tropfsteinsäulen, eine Sinterterrasse, verschiedene Seitengänge und sogar ein kleiner See – täuschend echt. Zu bewundern waren auch einige originale Stalaktiten, an denen in einer verdeckten Rohrleitung zugeführtes Wasser herabrieselte. Außen war die Höhle teilweise bepflanzt.

Nach dem Ende der Landesausstellung bot Neischl der Universität in Erlangen die Übernahme von Schichtmodell und Grotte für Lehrzwecke an. Bereits im Oktober 1907 war der Umzug von Nürnberg in die Hugenottenstadt abgeschlossen. Neischl hatte die gesamten Kosten – damals der stolze Betrag von 2.000 Mark – getragen, um seinen Werken im Botanischen Garten von Erlangen eine dauerhafte Bleibe zu sichern.

Die anfängliche Begeisterung für die Neuheit währte allerdings nicht lange. Hinzu kam, dass bereits in den Dreißigerjahren die äußere Schale erhebliche Auflösungserscheinungen zeigte. Da aber schon

Die Neischl-Grotte im Botanischen Garten ist einer Tropfsteinhöhle nachempfunden.

damals keine Mittel für eine Instandsetzung vorhanden waren, sperrte man die Neischl-Grotte schließlich für das Publikum – was für lange Zeit ein Dauerzustand bleiben sollte. Der Verfall schritt unaufhaltsam fort. Alle Sanierungspläne scheiterten an der Kostenfrage.

Diese Situation änderte sich erst, als der gemeinnützige Verein »Freundeskreis Botanischer Garten Erlangen« im Jahr 2005 die mittlerweile als wertvolles Baudenkmal eingestufte Höhle für 30 Jahre von der Universität in Erbpacht übernahm. Der Freundeskreis verpflichtete sich zur Wiederherstellung und zum laufenden Unterhalt des Objekts bis zur späteren Rückgabe an die Universität. Nun konnten Mittel aus dem bayerischen Entschädigungsfonds für den denkmalpflegerischen Mehraufwand in Anspruch genommen werden.

Schließlich brachten Gönner und Freunde des gartenarchitektonischen Denkmals die stolze Summe von 250.000 Euro auf, um das Trugbild einer Dolomithöhle zu sanieren und es wieder in ein Schmuckstück im Botanischen Garten zu verwandeln.

Unter dem Schutz eines großen Zeltdaches wurde die alte Höhlenkonstruktion freigelegt und mit einer neuen, mehrfach gekrümmten Außenhülle aus Beton überbaut und wasserdicht isoliert. Genau 100 Jahre nach ihrer Errichtung konnte die beinahe skurril wirkende Rarität wieder für Besucher zugänglich gemacht werden.

Lothar Hoja

INFOS

Außer an Aktionstagen und bei Festen ist die Neischl-Gotte in der Südwestecke des Botanischen Gartens von April bis September nur an Sonntagen von 14 bis 16 Uhr geöffnet. Der Botanische Garten (Loschgestraße 1-3, Tel. 09131/8522969) ist eine Einrichtung der Universität Erlangen-Nürnberg. Seit 1828 befindet sich die knapp 2 Hektar große Gartenanlage an der Nordseite des Schlossgartens mitten im Stadtzentrum. In den rund 1.700 Quadratmeter großen Gewächshäusern können Pflanzen aus den Tropen und Subtropen bewundert werden, im Außenbereich gedeihen fast 5.000 verschiedene Gewächse aus unterschiedlichen Regionen, von der arktischen Tundra bis zum tropischen Regenwald. Geöffnet ist der Botanische Garten von September bis Mai täglich von 8 bis 16 Uhr, von Juni bis August von 8 bis 17.30 Uhr. Die Gewächshäuser stehen dienstags bis sonntags und an Feiertagen von 9:30 bis 15:30 Uhr offen. Der Eintritt ist frei. Weitere Informationen im Internet unter www. botanischer-garten.uni-erlangen.de.

3 Sein und Schein
Der Grottensaal von Schloss Weißenstein in Pommersfelden

Der Zeitgeist nimmt manchmal bizarre Formen an. Im Fall von Schloss Weißenstein trifft dies augenfällig auf den barocken Gartensaal zu. Eine fratzenhafte Maske über dem Eingang liefert einen kleinen Vorgeschmack auf das, was hinter der Tür dann folgt: eine Mischung aus künstlicher Tropfsteinhöhle, grotesker Märchenwelt und antiker Theaterkulisse.

Grotte heißt die ovale Halle mit der eigenartigen Akustik. Der eigenwillige Raum bildet den Übergang von den prunkvollen Schlossräumen zum Park. Wer des Flanierens im Garten überdrüssig war, konnte hier noch ein wenig Müßiggang betreiben und sich an allerlei Dingen ergötzen. Bei sommerlicher Hitze wussten Schlossbewohner und Gäste die frische Kühle der Sala Terrena zu schätzen. Wasserspiele trugen zum angenehmen Klima bei. Die gläsernen, unechten Eiszapfen an den Wänden aber sind schon wieder Illusion.

Der üppig dekorierte Gartensaal ist ein originelles Beispiel für ausgefallene Modeerscheinungen des Barock. Plättchen aus Glas und kleine Mineralsteine, Metallstückchen und immer wieder Muscheln aller Formen und Farben bilden reihum an den Wänden schmuckvolle Muster.

Auch die Wandnischen mit den Brunnen sind über und über mit Ornamenten bedeckt. Weiße Statuen versinnbildlichen die vier Elemente. Dazwischen Pilaster mit Kapitellen, aus denen Tierköpfe hervorwachsen. Überall hängen Fische aus Glimmerplättchen oder Trauben aus Muscheln an den Wänden.

An der Decke setzt sich die possenhafte Dekoration fort. Von den Gemälden blicken Flussgötter mit grünen Haaren herab, dralle Nymphen stellen die vier Tageszeiten dar. Die Lüster des Saals sind mit bunten Glaskugeln und Girlanden aus Muscheln reich verziert. Abends bei Kerzenlicht muss es in dem Raum nur so geglitzert und gefunkelt haben.

Mit dem Gartensaal schuf der Grottierer ein Schatzkästchen, das zum Betrachten und Verweilen einlud, aber auch zur Belustigung und Unterhaltung am fürstbischöflichen Hof gedacht war. Die Entschlüsselung von Allegorien, das ewig-junge Spiel vom Sein und Schein, liebte man als netten Zeitvertreib.

Von außen so beeindruckend wie von innen: Schloss Weißenstein.

Und es war ein farbenprächtiges Leben, das Schlossherr Lothar Franz von Schönborn (1655–1729) in Pommersfelden inszenierte. Als Kurfürst und Erzbischof von Mainz war der Bamberger Fürstbischof eine der mächtigsten Persönlichkeiten seiner Epoche. Mit Weißenstein legte er 1711 den Grundstein zu einer der glanzvollsten Barockanlagen Frankens und einem Hauptwerk des deutschen Barock.

Der Bamberger Hofbaudirektor Johann Dientzenhofer setzte die Pläne für den Bau des repräsentativen Schlosses in der Rekordzeit von sechs Jahren um. Ihm zur Seite standen weitere erfahrene Baumeister und namhafte Künstler. Mit dem Marmorsaal und dem Spiegelkabinett wurden barocke Glanzstücke geschaffen. Berühmt ist die Gemäldesammlung.

Eigentlicher Hauptraum und künstlerischer Höhepunkt von Weißenstein ist das Treppenhaus mit seinen Stuckarbeiten und dem Deckengemälde von Johann Rudolf Byss. Wenn auf den beiden Galerien im ersten und zweiten Obergeschoss der Hofstaat versammelt war, geriet jeder Empfang zur Staatsaktion. Bei einem Rauminhalt von 8.000 Kubikmetern fänden im Treppenhaus rein rechnerisch zwölf Eigenheime moderner Prägung Platz.

1998 begann die schon damals auf sechs Millionen Euro veranschlagte Generalsanierung des Schlosses, das zwei Jahre zuvor von den Schönborns in eine Stiftung eingebracht worden war. Alljährlich im Sommer dient die Residenz der Familie als fürstlicher Hauptwohnsitz – und das schon seit 1711.

Leben auf der Baustelle: 2014 wurden die Sanierungsarbeiten im riesigen Treppenhaus fortgesetzt. Allein für die Instandsetzung des Gartensaals benötigte man von der ersten Untersuchung bis zum Abschluss acht Jahre. An den Grottenwänden hatten zahlreiche Muscheln, Plättchen und Schmucksteinchen gefehlt. Schwieriger als deren Ersatz war es freilich, einen geeigneten Kleber zu finden, um die Mosaikteile wieder zu befestigen. Die Fachleute behalfen sich schließlich mit Pech und Ölkittmasse, Gipsmörtel und Gummi arabicum.

Horst M. Auer

INFOS

Einmal im Jahr werden 80 bis 90 junge Musiker aus ganz Europa nach Weißenstein eingeladen. Sie können vier Wochen lang gemeinsam proben und die erarbeiteten Werke mit Konzerten im Marmorsaal präsentieren. Das 1958 ins Leben gerufene Collegium Musicum gehört zu den renommiertesten musikalischen Sommerakademien. Für Besucher ist das Schloss vom 1. April bis 2. November täglich von 9:30 Uhr bis 17 Uhr geöffnet. Führungen finden immer zur vollen Stunde ab 10 Uhr bis 16 Uhr (letzte Führung) statt. Für Gruppen sind Termine auch separat buchbar (Auskunft unter Tel. 09548/9818-0). Der Prunkbau ist von einem weitläufigen Park umgeben, der im 19. Jahrhundert von einem barocken Schlossgarten zu einem englischen Landschaftspark umgestaltet wurde. Er steht Besuchern täglich von 8 bis 17 Uhr das ganze Jahr über zur Verfügung. Infos im Internet unter www.schoenborn.de

4 Kostbares Handelsgut
Das Salzmagazin in Forchheim

Inmitten eines alten Forchheimer Scheunen- und Speicherviertels, genannt Krottental, erhebt sich ein massiver Bau aus Sandsteinquadern. Entgegen der ursprünglichen Bestimmung waren um 1870 in den ehemaligen Schüttböden Wohnungen eingerichtet worden. Doch zum Wohnen war das dreigeschossige Gebäude mit den drei Dachböden im Jahr 1710 gewiss nicht errichtet worden: Das fürstbischöfliche Salzmagazin, wie es heute noch bezeichnet wird, erzählt von einer Zeit, als Salz das weiße Gold war. Eine der wichtigsten Handelsstraßen für das Salz führte einst durch Forchheim.

»Auf Gold kann man verzichten, nicht aber auf Salz«, lautete ein bekannter Spruch, der bis ins 19. Jahrhundert hinein seine Gültigkeit besaß. Salz war nicht einfach ein Gewürz. Mit Salz wurden Fleisch und Fisch gepökelt, haltbar gemacht. Außerdem war Salz ein wichtiger Grundstoff für die Herstellung von Leder und Metallen, für Glas und Keramik.

Jeder brauchte also das Salz, nur: Nicht jeder hatte es. Bis heute wird am Nordrand der Alpen Salz abgebaut. Seit dem frühen Mittelalter transportierte man es von dort über traditionelle Handelswege in die nördlichen Länder. Und weil die Ware selten und begehrt war, durfte nicht einfach jeder mit ihr handeln: Fürsten und Klöster besaßen Salzmonopole.

Eine extrem hohe Salzsteuer wurde auf den – im wahrsten Sinn des Wortes – Bodenschatz gelegt. Und wenige Dinge sind so beständig wie eine einmal erfundene Steuer: In Deutschland wurde die Salzsteuer, die in ihrer Entstehung noch auf das römische Vorbild zurückgriff, erst im Jahr 1993 abgeschafft.

Forchheim – südliche Festung der Bamberger Fürstbischöfe – lag an der Salzstraße, die von Bad Reichenhall in den Alpen über München, dem wichtigsten Salzstapelplatz, nach Frankreich und an die Nordsee führte. Man nimmt an, dass bereits Kaiser Karl der Große den Sitz einer karolingischen Pfalz zu einem Salzstapelplatz erhoben hat. Als Festungsstadt war Forchheim ein sicherer Ort für das kostbare Handelsgut. Selbst die Schweden hatten Forchheim im Dreißigjährigen Krieg vergeblich belagert.

Das Salzmagazin war 1710 mitten in die barocke, sternförmige Festungsanlage gebaut worden, die noch heute zu einem großen Teil die Stadt umgibt. In Scheiben gepresst, hat man das Salz hier gelagert.

Das alte Salzmagazin von Forchheim befand sich lange in einem Dornröschenschlaf.

Das wuchtige Haus steht für die Spätzeit des Salzhandels. Bis 1868 bestand die »Salzfaktorei Forchheim« als Außenstelle des regionalen königlichen Salzamtes in Bamberg. Der Rohstoff hatte bis zur Mitte des 19. Jahrhunderts rasch an Wert und Bedeutung verloren; die neue Eisenbahnlinie löste die alten Handelswege ab.

1870 kaufte die Stadt das alte Magazinhaus. Bis 1900 wurden insgesamt 13 Wohnungen und zwei Treppenhäuser in den mächtigen Speicher eingebaut. Ein Jahrhundert später war unübersehbar: Seine besten Tage hat das Sandsteingebäude hinter sich. Es galt, das heruntergekommene Quartier neu zu beleben und zu gestalten. Ein Bauträger sanierte schließlich das ehemalige Salzmagazin und richtete darin komfortable Eigentumswohnungen ein. Auf diese Weise sollte im Krottental eine harmonische Verbindung von historischer Substanz und neuer Wohnbebauung entstehen.

Georg Körfgen

Das Salzmagazin in der Nähe des Rathauses, Krottental 4, kann nur von außen besichtigt werden. Einige Stadtführungen (ganzjährig) kommen an dem historischen Gebäude vorbei. Zu festen Terminen werden Führungen von April bis einschließlich Oktober jeden Mittwoch um 15:00 Uhr und jeden Samstag um 10:30 Uhr ab der Tourist-Information am Rathaus (Telefon 09191/714-337 oder -338) angeboten. Die Dauer liegt bei eineinhalb Stunden, eine Anmeldung ist nicht erforderlich. Eine der kulturhistorisch interessantesten Sehenswürdigkeiten ist die Kaiserpfalz mit ihren Museen. Die einstige fürstbischöfliche Residenz ist ein Denkmal von nationaler Bedeutung und einer der wichtigsten Profanbauten Süddeutschlands. Forchheim ist eine Bierstadt mit vier Brauereien (Greif, Neder, Hebendanz und Eichhorn). Im Kellerwald gibt es 23 Felsenkeller, von denen einige nicht nur beim Annafest im Sommer bewirtschaftet werden. Infos unter www.forchheim.de

5 Des Kaiserpaars schlichte Häupter
Die Reliquien von Heinrich und Kunigunde im Bamberger Dom

Die Ausstellungsstücke erscheinen eher schlicht: zwei verschieden große, braune, glatte Halbkugeln, gefasst in ein breites goldenes Band,
aufgestellt in einem Glaskasten auf einer schmucklosen Sandsteinstele,
an der ein Schild angebracht ist: »Heiliger Heinrich, heilige Kunigunde, bittet für uns.« Es sind die Schädel eines Kaiserpaares, die hier im
Bamberger Dom gezeigt werden, Reliquien Heinrichs II. und seiner
Gemahlin Kunigunde.

»Eher finster als heiter, eher berechnend als offen, fast heimtückisch
und unerbittlich verfolgte Heinrich seine Ziele; vergessen konnte er
nicht, verzeihen ebensowenig.« Ist das der Stoff, aus dem die Heiligen sind? Der Gerechtigkeit halber muss man jedoch hinzufügen,
dass diesem kritischen Bild, das der Historiker Johannes Fried im Jahre 1994 vom letzten Kaiser aus der Dynastie der Ottonen zeichnete,
genug andere Gelehrtenmeinungen gegenüberstehen, die Heinrich II.
als frommen Mönchskaiser interpretieren. Man sieht also: Politik und
Wirken dieses »einzigen im Rang der Heiligkeit verbliebenen ostfrän-
kisch-deutschen Königs des Mittelalters« (Bernd Schneidmüller, Or-
dinarius für mittelalterliche Geschichte an der Universität Bamberg)
werden durchaus kontrovers beurteilt.

Am 12. März des Jahres 1146, 122 Jahre nach seinem Tod, wurde
Heinrich II. von Papst Eugen III. in die Reihe der offiziell anerkann-
ten Heiligen aufgenommen. Als Begründung führte man Keuschheit
in der Ehe, die Gründung des Bistums Bamberg und die vieler anderer
Kirchen, die Bekehrung des ungarischen Königs Stephan und seines
ganzen Landes sowie Wunder am Grab an.

Kunigunde war im Jahr 1200 wie ihr Gemahl zur Heiligen erhoben
worden. Zusammen mit dem ebenfalls heilig gesprochenen Bischof
Otto I. stellte Bamberg damit drei Heilige in einem Jahrhundert.
Das zeugt »auch für den Rang des Bistums in Kirche und Welt«, wie
Schneidmüller feststellt.

Im Dom zu Bamberg ruhen die sterblichen Überreste des Paares bis
auf die Schädel in einem von Tilman Riemenschneider kunstvoll gestal-
teten Hochgrab. »Auf Ewigkeit« sollte hier das Gedächtnis an sie, an

An mittelalterliche Herrscherkronen sollen die neuen Schädelfassungen erinnern.

den kaiserlichen Vorgänger Otto III. und an die weiteren Vorfahren bewahrt werden. Die Geschichte ihrer Schädel aber, die führt tief hinein ins mittelalterliche Geistesleben. Aus der Antike stammt ein Modell, wonach aller Anfang heilig ist. Personen, die einen guten, einen für alle nachfolgenden Zeiten vorbildhaften Anfang gemacht hatten, konnten selbst nur heilig gewesen sein. Dieses ursprungsmythische Modell ist vom mittelalterlichen Christentum übernommen worden und in seiner Lehre allgegenwärtig: Das heilige Werk, zum Beispiel eine Bistumsgründung, legt Zeugnis ab vom heiligen Leben des Gründers.

Die Schädelreliquien Heinrichs und Kunigundes wurden lange Zeit in der Bamberger Domschatzkammer aufbewahrt, 1952 überführte man sie feierlich zu zwei Altären im nördlichen Seitenschiff. 1998 fasste der Künstler Hermann Jünger die Häupter neu – die Fassungen sollen an Herrscherkronen aus dem hohen Mittelalter erinnern.

An ihren heutigen Standort, einem kryptaähnlichen Raum im Untergeschoss des Nordwestturmes, brachte man die sterblichen Überreste der Domstifter im Jahr 1996. Der Raum ist abgeschlossen, aber einsehbar. Früher wurden die Schädelreliquien des einzigen heiliggesprochenen Kaiserpaares zweimal im Jahr, am Heinrichstag und zum Kunigundenfest, den Gläubigen in barocken Schaugefäßen, sogenannten Ostensorien, gezeigt. Von diesem Brauch ist das Erzbistum Bamberg aber inzwischen abgerückt. *Alexander J. Wahl*

Der 1.000-jährige Dom ist von April bis Oktober von 9 bis 18 Uhr, von November bis März von 9 bis 17 Uhr geöffnet. Es wird kein Eintritt verlangt. Die Bischofskathedrale St. Peter und St. Georg beeindruckt durch ihre Architektur und einzigartige Kunstwerke, allen voran die Skulptur des Bamberger Reiters und das Riemenschneider-Hochgrab des Kaiserpaares. Führungen sind täglich um 14 und 15 Uhr, montags um 10.30 Uhr. Nebenan befindet sich das Diözesanmuseum mit so exklusiven Exponaten wie der Nachbildung der Krone und dem Sternenmantel von Heinrich II. Seit 2014 gibt es am Domberg eine Eintrittskarte für alle Sammlungen, nämlich für Historisches Museum, Staatsgalerie, Staatsbibliothek, Diözesanmuseum und die Prunkräume der Residenz.

6 Massaker im Obstgarten
Kunreuth in den Wirren des Zweiten Markgrafenkriegs

Seit etwa 1350 besitzt die Familie der Freiherrn von Egloffstein in Kunreuth ein malerisches Wasserschloss. Gleich hinter dem breiten Wassergraben den Hang hinauf reiht sich Apfelbaum an Apfelbaum. Schon vor Jahrhunderten befand sich an dieser Stelle ein Obstgarten. Am 15. Mai 1553 wurde dieser friedliche Ort zum Schauplatz eines Massakers.

Es war die Zeit des Zweiten Markgrafenkriegs. Auslöser und Kriegstreiber war Markgraf Albrecht Alcibiades von Brandenburg-Kulmbach. Seine Truppen zogen plündernd, brandschatzend und mordend durch die fränkischen Lande. Der Markgraf brach immer wieder in die Territorien der Reichsstadt Nürnberg und der Hochstifte Bamberg und Würzburg ein. Er zwang seine Gegner schließlich zu einem Friedensvertrag, der sie finanziell ruinieren sollte.

Albrecht Alcibiades (1522–1557) galt als unbeherrscht und ungebildet. Zeitgenossen nannten ihn einen »Unmenschen und unheilvollen Mann«. Den bewaffneten Kampf betrieb er nicht nur zur Durchsetzung seiner Machtpolitik, sondern auch als Mittel zur Geldbeschaffung. Sein Ziel war, ganz Franken unter seine Herrschaft zu bringen.

Dass der Markgraf ein kühler Kriegsstratege war, belegt eine detaillierte Aufstellung von Brandschatzungsgeldern, die im Staatsarchiv Bamberg aufbewahrt wird: Nach einem Angriff auf Forchheim am 13. Mai 1552 überfielen seine Söldner auch noch Hollfeld, Burgkunstadt, Weismain, Veldenstein, Pottenstein, Gößweinstein, Waischenfeld und weitere Ortschaften. Akribisch ist in dem Schriftstück aufgelistet, welche Summen die Landsknechte auf den einzelnen Stationen ihres Beutezugs jeweils erpresst haben.

Im August dieses Jahres war Forchheim nach dreimonatiger Besetzung durch die Truppen des Markgrafen vom Stadtkommandanten Klaus von Egloffstein für das Hochstift Bamberg zurückerobert worden. Der Kunreuther Schlossherr war als Oberst und Kriegsrat des Fürstbischofs in die Wirren des Markgrafenkriegs geraten.

Im Frühjahr 1553 rückte Albrecht erneut gegen Forchheim vor. Ein Angriff am 14. Mai scheiterte jedoch am Widerstand der Stadt. Daraufhin zog der Markgraf nach Kunreuth. Dort durfte er hoffen, un-

Obstbäume gedeihen auch heute noch am Ort der Tragödie hinterm Schloss.

gestört Rache nehmen und den verhassten Gegner empfindlich treffen zu können.

Albrechts Söldner wüteten in der Ortschaft und steckten sie in Brand. Die junge Gemahlin des Klaus von Egloffstein, die sich mit ihrer Mutter zu einem Krankenbesuch im Dorf aufgehalten hatte, wurde gefangen genommen. Dann ging es weiter zum Schloss. Dort hatten sich einige Ortsbewohner auf der Flucht vor den Angreifern verschanzt.

Eine Nacht und einen Tag lang beschossen die Belagerer die wehrhaften Mauern des Wasserschlosses, konnten sie aber nicht erstürmen. Schließlich bot der hinterlistige Markgraf der Besatzung freien Abzug »in voller Wehr« an. Im Schloss befanden sich zu diesem Zeitpunkt 39 Bauern, ein betagter Pfarrer und etliche Knaben.

Die Kunreuther gingen auf das Angebot ein und besiegelten so nichts ahnend ihr Schicksal. Denn der Markgraf brach sein Versprechen und ließ die Unglücklichen zunächst in ein Verlies sperren, dann in den Obstgarten bringen. Albrecht befahl zuerst die Väter, die um das Leben ihrer Söhne flehten, vor deren Augen an den Apfelbäumen zu erhängen. Dann kamen die Knaben an die Reihe und zuletzt der Pfarrer, der für jeden Todgeweihten ein Gebet gesprochen hatte. Das Schloss wurde anschließend in Brand gesteckt. Fünf Jahre lang lag es in Schutt und Asche.

Andreas Otto Weber, Privatdozent am Lehrstuhl für Bayerische und Fränkische Landesgeschichte der Universität Erlangen-Nürnberg, untersuchte im Rahmen eines Forschungsprojekts mit dem Titel »Nachbarschaftliche Politik, Krieg und Konfliktlösung in den fränkischen Territorien 1550-1600« die damaligen Zusammenhänge. Sein überraschendes Ergebnis: Die Kontrahenten schenkten sich in den Kriegswirren gegenseitig nichts. Trotz aller Spannungen und Reibereien konnte aber damals so etwas wie ein fränkisches Gemeinschaftsgefühl entstehen. Grund war einerseits die Tatenlosigkeit und Wankelmütigkeit der Reichsspitze unter Kaiser Karl V., zum anderen zwang der Druck, den Albrecht Alcibiades auf seine Gegner ausgeübt hatte, diese dazu, ein (Schutz-)Bündnis einzugehen. So gesehen hat der kriegslüsterne Markgraf die Keimzelle für eine regionale Identität gelegt.

Horst M. Auer

INFOS

Kunreuth liegt zwischen Effeltrich und Egloffstein im Landkreis Forchheim. Das Schloss ist in Privatbesitz und kann im Innern nicht besichtigt werden. Für die Ortschaft gibt es einen Kulturweg, der durch Kunreuth und einen Teil der Flur mit Abstechern in Richtung Ermreus führt. Auf diese Weise lässt sich die Geschichte eines Dorfes von seinen Anfängen bis zu den Veränderungen im 21. Jahrhundert erwandern. Die Beschreibung des Kulturwegs kann über die Homepage (www.gemeinde-kunreuth.de) als pdf-Dokument heruntergeladen werden. An der Fassade der Kirche zeigt das Wappen der Freiherren von und zu Egloffstein deren Dominanz der Ortsherrschaft über die Jahrhunderte: Die Adelsfamilie hatte bis 1970 das Patronat über die Kirche inne.

7 Unterwelt im Jura
Die Felsenkeller von Egloffstein

Egloffstein in der Fränkischen Schweiz könnte für seine Unterwelt berühmt sein. Könnte – ist es aber nicht. Bekannt ist der 1.400 Einwohner zählende Luftkurort vor allem durch seine hoch auf dem Berg thronende Burg. Doch darunter, unter den Fundamenten der Häuser, graben sich auf einer Fläche von 12.000 Quadratmetern mannshohe Felsenkeller und -gänge in das Jura-Gestein.

Ab und an verirrt sich ein Tourist zu den labyrinthartigen Höhlen. Ansonsten fristen die jahrhundertealten Gewölbe ein unbeachtetes Dasein. Zu Unrecht, wie viele meinen.

Heute herrscht in den Aushöhlungen des weichen Sandsteins weitgehend gähnende Leere. Bis vor ein paar Jahrzehnten noch stapelten sich Kartoffeln, Rüben, Äpfel und Bierfässer in der Dunkelheit. Zu Zeiten, als der Kühlschrank erst noch erfunden werden musste, bewahrten die Egloffsteiner auch leicht verderbliche Lebensmittel wie frisches Fleisch in den Höhlen auf. Denn die Temperatur bleibt im Innern des Berges immer gleich. Egal, ob draußen die Sonne vom Himmel brennt oder Schneeflocken durch die Luft tanzen: Das Thermometer zeigt um die zwölf Grad an.

Wenn alteingesessene Bürger die Geschichte der Felsenkeller erzählen, gehen sie weit zurück in die Vergangenheit. Die unterirdischen Gänge und Höhlen, die tief in den Berg hineinführen und sich auf zwei Etagen bis unter die Burg ausbreiten, sollen aus dem 15. Jahrhundert stammen. Nachweislich haben sie schon im Jahr 1727 existiert.

Entstanden sind sie dadurch, dass die Egloffsteiner Sand für den Hausbau abgetragen haben, zum Verputzen und Mauern. Im Haushalt diente der gefragte Rohstoff als Stuben- und Putzsand. Aus den Hohlräumen wurden willkommene Aufbewahrungsorte. Wirte und Brauer, die noch bis Ende des 19. Jahrhunderts ihre eigene Kommunbrauerei unterhielten, lagerten in dem kühlen und feuchten Stollensystem ihre Biere.

Die Nutzungsrechte an den Felsenkellern werden seit Generationen innerhalb von ursprünglich 23 Familien weitervererbt. Heute besteht die Egloffsteiner Unterwelt noch aus einem Labyrinth von 14 Gängen mit einer Gesamtlänge von 700 Metern. Auch der Familie Wirth gehört

Viele Anekdoten und Geschichten ranken sich um die Felsenkeller von Egloffstein.

eine mehr als 100 Meter lange, schlauchartige Höhle. Erich Wirth hat einige Erinnerungen an die Gänge und Räume.

Während des Zweiten Weltkriegs mussten sie als Luftschutzkeller herhalten. 1.000 Personen hatten darin Platz. 1945 soll dort kistenweise brisantes Material der ehemaligen Rüstungsfirma und späteren Nürnberger Motorradmarke »Zündapp« gehortet worden sein. Vor den Eingängen waren daher bewaffnete US-Soldaten postiert, berichtet Erich Wirth. Jeder Egloffsteiner sei damals beim Betreten seines Vorratskellers von den Wachleuten überprüft und begleitet worden.

Viele Anekdoten und Erzählungen ranken sich um die Egloffsteiner Unterwelt. Lange Zeit blieb die Geschichte der Höhlen in weiten Teilen unerforscht. Erst Mitglieder der »Naturhistorischen Gesellschaft« Nürnberg und der »Forschungsgruppe Höhle und Karst Franken« haben diese Lücke ab dem Jahr 2002 geschlossen. Ihre aufwendigen Studien der Felsenkeller haben sie 2010 in einer Broschüre veröffentlicht.

Eine halbe Million Euro hat man in die Sanierung gesteckt. Das war auch dringend nötig. Die direkt über den bröckelnden Felseneingängen verlaufende Staatsstraße musste mit Stahlbeton befestigt werden und die Kellerzugänge wurden sicherheitshalber mit Kalkstein verblendet.

Unter Touristen und Ausflüglern ist das frei zugängliche Stollensystem zu einer Art Geheimtipp geworden. Der Gruselfaktor ist hoch, wenn die Keller auf eigene Faust besichtigt werden – allerdings wird die Mitnahme einer Taschenlampe dringend empfohlen. Zwei Eingänge befinden sich nebeneinander in der Stützmauer am Parkplatz eines Geldinstituts, ein dritter Zugang führt am sogenannten Witwenpalais (Haus Nr. 22) in das Innere des Berges.

Sabine Stoll

INFOS

Felsenkellerführungen von rund 45-minütiger Dauer können über die Tourist-Info, Telefon 09197/202, oder direkt bei Michael Wirth, Telefon 09197/1544, gebucht werden. Es werden spezielle Führungen für Kinder angeboten (Web: www.egloffstein.biz). Aus Rücksicht auf die Fledermäuse finden von Oktober bis April keine Führungen statt. Die Broschüre über die Felsenkeller ist zum Preis von einem Euro in der Pension Mühle oder bei der Tourist-Info erhältlich. Führungen durch Burg Egloffstein gibt es zu bestimmten Terminen mit dem Burgherrn, Albrecht Freiherr von Egloffstein. Ab 10 Personen lässt sich auch privat eine Führung vereinbaren. Anmeldung und Auskünfte unter Telefon 09197/87 80 oder 09197/202 oder im Internet unter www.burg-egloffstein.de. Ein Kulturweg leitet zu den schönsten und bedeutendsten Plätzen Egloffsteins. 55 Informations- und 2 Übersichtstafeln helfen bei der Orientierung. Im Ortsteil Hundshaupten ist ein Wildpark mit vielen Tierarten angesiedelt.

8 Pforte zum Himmel
Das Zackenportal der Dorfkirche von Bronn

Was verbindet die Dorfkirche von Bronn mit der Al-Aksa-Moschee in Jerusalem und dem Bamberger Kaiserdom? Die beiden weltberühmten Bauwerke und das unscheinbare Gotteshaus in der fränkischen Provinz schmückt ein Zackenportal aus romanischer Zeit. Weder aus kulturhistorischer Sicht noch unter ästhetischen Gesichtspunkten betrachtet, braucht die Bronner Steinmetzarbeit einen Vergleich zu scheuen.

Der Zickzackbogen über dem Eingang von St. Jakob ist ein Werk aus der ersten Hälfte des 13. Jahrhunderts. Damit gehört es zu den ältesten Bauteilen der aus Bruchsteinen gemauerten Dorfkirche. Vergleichbare Ausschmückungen findet man außer in Bamberg nur noch an der Kirche von Großbirkach im Steigerwald und an der Stiftskirche in Feuchtwangen. Kunstkenner halten das Bronner Portal für das schönste aus dieser Epoche – weit über Franken hinaus. Hat es doch nicht nur einen einzigen einfachen Zackenkranz, sondern gleich sieben.

»Früher war das Zackenportal weiß gekalkt und mit Ochsenblut bemalt«, sagt Friedrich Schwinn und deutet auf die roten Farbreste in den Fugen des Sandsteins. Für den früheren Dorfpfarrer ist das spätromanische Kunstwerk ein Sinnbild für die Pforte zum Himmel: Den Gläubigen, die das Tor passieren, steht das Paradies offen. Kirchenmaler des Mittelalters haben den aufgerissenen Himmel gerne mit Zacken in den Wolken dargestellt, erzählt Schwinn.

Wer für die Torverzierung den Auftrag erteilt und wer sie geschaffen hat, liegt im Dunkel der Geschichte. Schriftliche Überlieferungen sind, falls es sie überhaupt gegeben hat, beim Großbrand von 1650 vernichtet worden. Damals hatte ein Funken aus dem Backofen des Pfarrhauses ein Inferno ausgelöst und große Teile der Ortschaft in Schutt und Asche gelegt.

»Es muss für das Zackenportal einen Stifter gegeben haben«, meint Pfarrer Schwinn. Von einem am Ort ansässigen Adelsgeschlecht ist indes nichts bekannt. Die Bronner selbst waren arm und konnten sich ein derartiges Kunstwerk gewiss nicht leisten. Hauptsächlich Waldbauern, Köhler und Pechsieder wohnten mit ihren Familien im Dorf, dessen Name erstmals 1196 in einem Schriftstück auftaucht.

Für eine kleine Dorfkiche ist das romanische Zackenportal ein großartiger Schmuck.

Einer Sage zufolge hat die heilige Katharina an diesem Ort, dessen Name auf die Existenz eines Brunnens oder einer Quelle hindeutet, einst eine Kapelle errichten lassen. Sie hatte sich im Veldensteiner Forst verlaufen und an dieser Stelle wieder aus dem Dickicht herausgefunden. Aus der Kapelle wurde eine kleine Kirche, dem heiligen Jakob geweiht. Heute ist Bronn ein Ortsteil von Pegnitz an der Bundesstraße 2.

Wer war der freigiebige Gönner, der dem Dorf vor mehr als 750 Jahren das Zackenportal schenkte? Des Rätsels Lösung könnte am Kirchturm zu finden sein. An dessen Ostseite haben sich die Reste eines Wappens erhalten: sieben Ritterhelme. Dabei könnte es sich um das Wappen der Schlüsselberger handeln, die einst auf Burg Neideck im Wiesenttal ihren Stammsitz hatten. Vielleicht haben diese Edelfreien mit stattlichem Territorialbesitz in der heutigen Fränkischen Schweiz auch die Grundherrschaft über Bronn ausgeübt, mutmaßt der Pfarrer.

Reizvoll ist jedoch auch die Vorstellung, die Bamberger Dombauhütte hätte in der kleinen Dorfkirche die Probe aufs Exempel gemacht. Der Meister, der für die Adamspforte am Osttor des Kaiserdomes verantwortlich zeichnete, hätte dann nämlich die Anfertigung eines Zackenportals vorab in Bronn geübt.

Horst M. Auer

INFOS

Bronn liegt an der Bundesstraße 2 nur wenige Kilometer südwestlich von Pegnitz. Das Innere von St. Jakob kann aus einem kleinen verglasten Vorraum am Eingang der Kirche besichtigt werden. Infos beim Pfarramt Bronn unter Telefon 09241/3320. Mit der Geschichte des Pegnitzer Bergbaus befasst sich Fundort 9, die verschwundenen Dörfer an der oberen Pegnitz lässt Fundort 12 wiederaufleben.

9 Kumpel-Gefühl dank Johannes
Schau-Stollen erinnert an Pegnitzer Bergbautradition

Fast zehn Millionen Tonnen Erz haben die Bergleute in der Pegnitzer Zeche »Kleiner Johannes« von der ersten urkundlichen Erwähnung des Bergwerks 1869 bis zu seiner Schließung Ende der Sechzigerjahre des vorigen Jahrhunderts zutage gefördert. Zuletzt haben die Kumpel der Natur jedes Jahr 600.000 Tonnen Erzgestein abgerungen.

An die rund hundertjährige Bergbautradition erinnerte in der oberfränkischen Stadt bis vor einiger Zeit nur noch ein alter Förderwagen am Denkmal des örtlichen Bergknappenvereins, denn Anfang der Neunzigerjahre war mit dem alten Zechenhaus das letzte sichtbare Zeugnis jener Ära verschwunden. Weil dieses Kapitel ihrer Geschichte aber nicht in Vergessenheit geraten sollte, hatte die Kommune beim Abriss Einzelteile für ein künftiges Bergbaumuseum sichern lassen. Immerhin liegt Pegnitz recht werbewirksam dort, wo die Bayerische Eisenstraße beginnt, die bis Regensburg auf einer Länge von 120 Kilometern die Geschichte des heimischen Bergbaus dokumentiert.

Mehr als 30 Jahre nach dem Aus für das Bergwerk »Kleiner Johannes« hat die Stadt in Zusammenarbeit mit dem Bergknappenverein den Kumpeln ein Denkmal gesetzt: Der detailgetreu hergerichtete Eingangsbereich eines Stollens vermittelt seit dem Jahr 2000 einen Eindruck von der alten Pegnitzer Grube.

Dabei hatte es lange Zeit so ausgesehen, als sollten die Pläne der Stadt, die örtliche Bergbaugeschichte mit dem Ausbau des aufgelassenen Stollens »Erwein« für Besucher wieder erlebbar zu machen, nicht verwirklicht werden können. Neidvoll blickten die Verantwortlichen in das nahe gelegene Fichtelgebirgsstädtchen Goldkronach. Dort stößt ein Schau-Bergwerk auf große Resonanz.

Warum sollte das Konzept nicht übertragbar sein, fragten sich die Pegnitzer. Als dann nach dem Ende des Bergbaus im nahen Auerbach allerlei Arbeitsgeräte aus der letzten Grube versteigert wurden, griff die Stadt kurz entschlossen zu und erwarb zahlreiche Förderwagen, verschiedene Kleinteile und eine Elektrolok. Damit sollten Touristen – wie vor Jahrzehnten die Bergleute – den Stollen »Erwein« auf 1,2 Kilometer Länge befahren können.

Mit einem Schau-Stollen wurde den Bergleuten in Pegnitz ein Denkmal gesetzt.

Das ehrgeizige Vorhaben scheiterte jedoch an den Kosten. Rund eineinhalb Millionen Euro hätte die Renovierung des Stollens verschlungen. Angesichts dieser hohen Summe entschied sich die Stadt für eine kostengünstigere Variante. Statt 1.200 Meter wurden nur die ersten 20 Meter des Stollenmunds restauriert. Der Rest des Stollens wurde zugemauert.

Mit der Schließung der Grube gingen in Pegnitz eine lange Tradition und dadurch geprägtes Lebensgefühl verloren. Schließlich bildete die Zeche jahrzehntelang einen wichtigen Faktor auf dem örtlichen Arbeitsmarkt. Da in der Stadt selbst kaum Fachkräfte zu finden waren, mussten die Kumpel aus Sachsen und dem Saargebiet angeworben werden. Die Pegnitzer Knappen durchlebten besonders nach dem Zweiten Weltkrieg alle Höhen und Tiefen des Eisenerzbergbaus. Rauchten in den Jahren des sogenannten Wirtschaftswunders die Schlote der Zeche noch Tag und Nacht, so blieb den Grubenarbeitern am Ende nur noch stiller Protest gegen den Verlust ihrer Arbeitsplätze.

Heute sind vor allem die Anwohner des »Kleinen Johannes« froh, dass der rote Staub aus der Aufbereitungsanlage, der sich auf Vorgärten und Fensterscheiben legte, nicht mehr aufgewirbelt wird. Denn auch ohne Bergwerk hat sich die Stadt weiterentwickelt. Wo man früher das geförderte Erz über eine Brücke transportierte, bindet heute eine neue Brücke das Industriegebiet, das auf dem früheren Bergwerksgelände entstanden ist, an die Bundesstraße 2 an.

Seit dem Zechentod vor rund 50 Jahren leben naturgemäß nicht mehr viele Bergmänner in Pegnitz. Immer weniger Uniformen und Fahnen sind bei den entsprechenden Anlässen zu sehen. Mit Wehmut erinnern sich die Alten bei gelegentlichen Zusammentreffen wie der Feier des Bergknappenvereins zu Ehren der Schutzheiligen Barbara oder einer Trauerfeier für einen verstorbenen Kumpel an die verflossene Ära. Sie verkörpern alle selbst ein Stück Bergwerksgeschichte.

Peter Ehler

INFOS

Der Erweinstollen an der Bergwerkstraße 18 führte früher in den »Kleinen Johannes« und ist heute ein Industriedenkmal für die Geschichte des Bergbaus in Pegnitz. Durch ein Gittertor ist der auch mit Schaukästen bestückte Stollenmund mit seinen Ausstellungsstücken von außen gut einsehbar. „Erwein" selbst ist nur bei Führungen und besonderen Anlässen geöffnet. Anfragen bei Jörg Wettengel, Telefon 09241/91316. Das umliegende Gelände mit Grubenbahn und Kompressorhalle ist frei begehbar. Im benachbarten Auerbach erinnert das Bergbaumuseum Maffei-Schächte (Telefon 09643/2049573) an alte Zeiten des Eisenerzabbaus. Das Museum ist von Mai bis Oktober jeden ersten Sonntag im Monat von 15 bis 17 Uhr oder nach vorheriger Anmeldung unter Telefon 09643/2433 zu besichtigen.

10 »Stark und frei«
Bauernschulen für jüdische Überlebende des Holocaust

Die hebräischen Schriftzeichen sind beinahe verblasst: »Machsan«, zu Deutsch Magazin oder Lager, steht über dem Türstock eines kleinen Sandsteingebäudes, das einem bäuerlichen Austragshäuschen ähnelt. Die Inschrift erinnert an einen beinahe vergessenen Zeitabschnitt der Regionalgeschichte: In vielen Teilen Frankens hatten die amerikanischen Militärbehörden nach Kriegsende landwirtschaftliche Ausbildungszentren für jüdische Überlebende des Holocaust eingerichtet.

Auch in Prebitz, einem Dorf in der Nähe von Bayreuth. »Oben war die Schneiderei, unten das Lager«, sagte der Landwirt bei einem Besuch vor vielen Jahren schmallippig. Von der kurzen Episode auf seinem Bauernhof wollte er eigentlich nichts mehr wissen: »Vorbei ist vorbei.« Trotz aller Zurückhaltung wurde damals deutlich, dass er auch nach so vielen Jahren mit einer gewissen Verbitterung auf die vorübergehende Enteignung seines Besitzes zurückblickt. Doch die Buchstaben an der Wand, so versicherte er, bleiben unangetastet.

Wie in einigen Nachbarorten hatte die US-Militärverwaltung auch in Prebitz zwei Bauernhöfe beschlagnahmt, um dort landwirtschaftliche Camps einzurichten. Lager für Menschen, die durch das Terrorregime der Nazis und dessen Folgen entwurzelt und vertrieben worden waren, gab es nach Kriegsende in größerer Zahl in ganz Süddeutschland. Viele der sogenannten Displaced Persons (DPs) waren 1945 aus Konzentrationslagern befreit worden. Jüdische DPs erhielten in Kibbuzim eine bäuerliche Ausbildung und damit das Rüstzeug, um nach der Einwanderung in das damalige Palästina beim Aufbau des 1948 unter dem Davidstern gegründeten Staates mit Namen Israel zu helfen. Die DP-Lager waren ein Zuhause auf Zeit im Lande der Täter, ein Wartesaal für Reisende in die Emigration.

Größere Lager existierten beispielsweise in Ansbach, Windsheim und Fürth. Überall dort kam es zu einer kurzen Wiedergeburt jüdischen Lebens, mit Betstuben, kulturellen und sportlichen Aktivitäten. Daneben gab es in Ober- und Mittelfranken rund 20 Hachscharoth (zu Deutsch: Vorbereitung) genannte Kibbuzim. Solche Kollektivfarmen befanden sich meist auf Bauernhöfen von aktiven Parteigängern und anderen

An ein jüdisches Bauerncamp erinnert die
verblassende Schrift über der Tür.

Nutznießern der braunen Diktatur. In Cadolzburg (Kreis Fürth) hatte man für ein derartiges Camp das landwirtschaftliche Gut des berüchtigten NSDAP-Gauleiters Julius Streicher requiriert.

Josef Gothart, Ghetto-Kämpfer in Warschau, KZ-Überlebender und später Vorsitzender der Israelitischen Kultusgemeinde in Bayreuth, war nach Kriegsende als »Treuhänder für Großvermögen von Nazis in Pottenstein und Creußen« eingesetzt worden. Diese Funktion übte er im Auftrag der US-Militärbehörden auch bei der Gründung und Leitung mehrerer jüdischer Bauernschulen aus.

In den beiden Prebitzer Camps lebten laut amtlicher Statistik zwischen März 1946 und September 1947 mehr als 120 Menschen, die in Schnellkursen grundlegende Kenntnisse über Ackerbau und Viehzucht erwarben, überwiegend Juden aus Osteuropa, die Hitlers industrieller Massenvernichtungsmaschinerie entronnen waren. Die Kibbuzim waren Inseln jüdischer Selbstverwaltung auf deutschem Boden, viele ihrer landwirtschaftlichen Umschüler zählten später zu den Pionieren der Aufbauphase des neuen jüdischen Staates. »Ich habe in Israel einige Frauen und Männer getroffen, die in Prebitz waren«, erzählte Gothart. Eine Absolventin habe es zur Abteilungsleiterin im Sozialministerium und Knesseth-Abgeordneten, ein anderer Kibbuznik gar zum Vizebürgermeister von Tel Aviv gebracht.

Hierzulande verblasst die Erinnerung an dieses wenig bekannte Kapitel der deutschen und der israelischen Geschichte wie die Schrift über der Tür des landwirtschaftlichen Nebengebäudes in Prebitz. Das Jüdische Museum Franken in Fürth hält die Erinnerung daran mit einem besonderen Ausstellungsstück wach: ein Holztisch aus der Bauernschule im Prebitzer Nachbardorf Losau. Darin eingeritzt ist in hebräischer Schrift die Losung »Stark und frei – das Häuflein der Überlebenden«.

Horst M. Auer

INFOS

Der Bauernhof in Prebitz ist in Privatbesitz; auch an den anderen Orten, an denen sich DP-Camps befunden haben, ist kaum etwas zu besichtigen. Zur Lektüre empfohlen: »Der Kibbuz auf dem Streicher-Hof« von Jim G. Tobias, erschienen im Antogo-Verlag, Nürnberg 1997. Öffnungszeiten des Jüdischen Museums Franken in Fürth (Königstr. 89, Telefon 0911/ 9 77 48 53): dienstags von 10 bis 20 Uhr, Mittwoch bis Sonntag von 10 bis 17 Uhr. Das Museum gibt faszinierende Einblicke in die fast tausendjährige jüdische Geschichte in Franken. Adresse im Internet: www.juedisches-museum.org

11 Falle für Meister Petz
Der Bärenfang auf dem Waldstein im Fichtelgebirge

Auf einsamen Pfaden im nördlichen Fichtelgebirge werden zwei Mönche von einem Unwetter überrascht. Die beiden Wanderer suchen Schutz in einer Steinhütte am Wegesrand. Doch die Freude über den Zufluchtsort währt nicht lange: Im dunklen Innern löst einer der beiden unbemerkt einen Mechanismus aus. Mit Getöse rattern am Vorder- und am Hintereingang zwei eiserne Falltüren herab. Der Unterschlupf ist zum Gefängnis geworden. Erst zwei Tage später hört ein Förster die Hilferufe und befreit die Ordensbrüder aus ihrer misslichen Lage.

Man schrieb das Jahr 1770. Ein ausgedienter, aber noch funktionstüchtiger Bärenfang wäre den Mönchen beinahe zum Verhängnis geworden. Das Bauwerk steht auf dem Großen Waldstein und hat dort mehr als drei Jahrhunderte überdauert. Wahrscheinlich handelt es sich um die einzige erhaltene Bärenfalle dieser Art in ganz Deutschland. Sie ist etwa ein Jahrhundert in Betrieb gewesen.

Gut 100 Meter westlich des Waldsteinhauses befindet sich das schmale, fensterlose Gebäude, das aus grauen, schweren Granitquadern gemauert ist. Es ist rund acht Meter lang, drei Meter breit und über fünf Meter hoch. Ein erster schriftlicher Hinweis auf die Falle, mit der man einst Meister Petz zu Leibe rückte, stammt aus dem Jahr 1656. Grund für ihre Entstehung: In den unruhigen Zeiten des Dreißigjährigen Krieges hatten sich die Bären (wie auch die Wölfe) stark vermehrt.

In dem eigenartigen Bau wurden die Bären lebendig gefangen. Ein Köder lockte die Raubtiere in das Steinhäuschen, wo eine einfache Vorrichtung die Eisentüren an den beiden Schmalseiten herabfallen ließ. Die Jagdbeute wurde getötet oder mithilfe von rauchenden Fackeln dazu gebracht, durch eine kleine Öffnung in der Südwand ins Freie zu schlüpfen. Dort war an der Außenseite allerdings ein Käfig angebracht worden.

Den gefangenen Tieren stand ein unwürdiges Schicksal als Jagdwild und als Schaustück bevor. Fronpflichtige Bauern mussten die Bären an den markgräflichen Hof nach Bayreuth karren. Dort dienten sie den feudalen Herrschaften bei der beliebten Bärenhatz als Belustigung. Zahlreiche Waldsteinbären fielen im Laufe der Zeit dem zweifelhaften

Aus großen Steinquadern wurde der Bärenfang auf dem Waldstein gemauert.

Vergnügen zum Opfer. Ausgestopft soll einer sogar als Sehenswürdigkeit im Naturalien-Cabinet der Universität Erlangen ausgestellt worden sein.

Von der feinen Gesellschaft Bayreuths jener Zeit ist überliefert, dass sie sich im Kuppelsaal von Schloss Thiergarten an den perfiden Jagdszenen ergötzte. Diesen Barockbau hatte der spätere Markgraf Georg Wilhelm um 1710 wenige Kilometer südlich der Residenzstadt errichten lassen. Von den beiden Balkonen der achteckigen, rund 140 Quadratmeter großen Halle hat man angeblich Jagd auf Bären und andere Tiere gemacht.

1760 ging es dem letzten Petzen im Bärenfang am Waldstein ans Fell. In Bayern wurden die Zotteltiere im Jahr 1854 endgültig ausgerottet. Bereits 1769 war der letzte Bär des Fichtelgebirges zur Strecke gebracht worden: ein halb blindes und recht zahmes Tier, das den Holzfällern aus der Hand fraß. Der Schütze, ein Förster aus Vordorf, gab hinterher an, er habe den Bären aus Notwehr erschossen.

Horst M. Auer

Direkt am Gipfel des 877 Meter hohen Waldstein befindet sich das ganzjährig bewirtete Waldsteinhaus, das sowohl zu Fuß über zahlreiche Wanderwege als auch mit dem Auto von Weißenstadt oder Sparneck aus erreichbar ist. Gut 100 Meter westlich des Ausflugslokals steht der Bärenfang. Das gesamte Areal ist Naturschutzgebiet. Einem alten Bergwerksstollen am Nordwesthang des Waldsteins im Münchberger Stadtwald entspringt die Sächsische Saale, die nach 427 Kilometern in die Elbe mündet. Die Quelle ist Ausgangspunkt des genauso langen „Radwanderwegs Saale". Darüber und über viele andere Freizeitmöglichkeiten gibt die Tourismuszentrale Fichtelgebirge im Rathaus von Fichtelberg (Telefon 0 92 72 / 96 90 30) Auskunft. Adresse im Web: www.tz-fichtelgebirge.de

12 Nur die Kapelle blieb
Die verschwundenen Dörfer an der oberen Pegnitz

Wurmfortsatz Mittelfrankens wird der lang gezogene, schmale Streifen am Oberlauf der Pegnitz genannt. Zwischen dem Veldensteiner Forst (Oberfranken) und dem Auerbacher Stadtwald (Oberpfalz) bleibt dem Fluss genug Raum für Schleifen und Windungen. Vom eingezäunten Gelände der Ranna-Wasserversorgung bei Mosenberg bis zu den Kammerweihern im Norden erstreckt sich ein naturbelassener, scheinbar unberührter Talraum.

Doch es ist eine alte Kulturlandschaft. Wer dem Sträßchen flussaufwärts folgt, erkennt im hügeligen Wiesenland, wenn er genau hinsieht, hier einen verwilderten Obstgarten, dort einen alten Fischweiher, einen Bildstock oder überwucherte Mauerreste am Wegesrand. Hinter einer Biegung taucht eine kleine Kapelle auf. Neben ihr steht ein Findling. Seine Inschrift lautet: »Fischstein. Dorf und Eisenhammer, aufgelöst 1960 bis 1991, erstmals genannt anno 1326«.

Das sind die letzten Zeugnisse eines einst blühenden Gemeinwesens. Fischstein und die benachbarten Ortschaften Rauhenstein, Ober- und Unterbrand mussten verschwinden, weil sie in der engeren Schutzzone der Nürnberger Wasserversorgung einen gewissen Risikofaktor darstellten. In einer mehr als 30-jährigen Umsiedlungsaktion wurden die Anwesen von der Ewag nach und nach aufgekauft und abgerissen.

1991 hat ein Bautrupp das letzte Gebäude geräumt und abgebrochen. Zehn Jahre später haben Anni und Martin Lehner aus Pegnitz den Gedenkstein neben der Antoniuskapelle gestiftet. Ihrer Initiative ist auch die Herausgabe einer Broschüre über das ehemalige Dorf zu verdanken, verfasst von dem Auerbacher Rudolf Weber. Die Lehners haben einen besonderen Grund, die Erinnerungen an diesen Ort wachzuhalten: Das Ehepaar hat den letzten Fischsteiner Gasthof »Zur Bergmannsquelle« geführt. Das bei Sommerfrischlern von Nürnberg bis Bayreuth beliebte Wirtshaus war bereits 1977 abgebrochen worden.

Fischstein war im 14. Jahrhundert rund um ein Hammerwerk entstanden, das noch im Jahr 1827 Stabeisen nach Nürnberg lieferte. Kleinere Bauernhöfe gab es im Dorf, zwei Wirtschaften, ein Sägewerk und

Die Inschrift auf dem Findling neben der Kapelle weist auf das frühere Dorf hin.

zwei Forsthäuser. Die Chronik berichtet von Überschwemmungen durch das Hochwasser der Pegnitz, von Brandschatzungen im Dreißigjährigen Krieg, von der Pest und anderen Seuchen. Knapp 250 Jahre lang gehörte die Ortschaft zu Auerbach. Nach einer Beschreibung aus dem Jahr 1845 bestand das Dorf damals aus 18 Häusern mit immerhin 161 Einwohnern.

Ihre Toten haben die Fischsteiner auf einem Leiterwagen mit zwei Rössern zum Friedhof nach Michelfeld gekarrt. Dorthin sind die Gläubigen auch Sonntag für Sonntag zum Gottesdienst gezogen – natürlich zu Fuß. So wie die Kinder aus dem Dorf: jeden Tag zwei Stunden Schulweg, an sechs Tagen in der Woche, bei Regen oder bei Schneegestöber.

Die Fischsteiner sollen lustig-derbe Menschen gewesen sein. Nach der harten Arbeit im Eisenhammer trafen sie sich in geselliger Runde in einem der Wirtshäuser. Dort, so ist überliefert, erklang dann das Lied der Hammerschmiede: »Wir trinken, wenn die Krüge winken/und schmieden, wenn das Eisen glüht./Wir saufen, bis wir niedersinken;/das ist der Brauch der Hammerschmied.«

Horst M. Auer

In Fischstein, das wegen seiner Lage in der engeren Wasserschutz-zone keine Zukunft mehr hatte, war 1977 auch das ehemalige Hammerschmiedehaus Nr. 3 mit der Glocke auf dem Dach abge-brochen worden. Die Hausglocke wurde in die Leonhardskirche nach Michelfeld gebracht, wo sie seitdem neben dem Kreuzaltar an die jahrhundertelange Zugehörigkeit Fischsteins zur Pfarrei Michelfeld erinnert. War die Umsiedlung für die Bewohner der im Wege stehenden Dörfer auch sicherlich bitter, für die langfristige Trinkwasserversorgung der Stadt Nürnberg war sie ein Gewinn. Heute liefert Ranna, die drittgrößte Quellfassung Deutschlands, 40 Prozent des Wassers für die knapp 50 Kilometer entfernte Großstadt. Der »Ranna-Sprudel« ist von so hoher Güte, dass keinerlei Aufbereitung nötig ist. Von Ranna-Mosenberg, Bernheck im Veldensteiner Forst oder Auerbach aus führen Wanderwege in das Gebiet der verschwundenen Dörfer zwischen Neuhaus/ Pegnitz und Michelfeld.

13 Verkehrte Welt
Geschändete Grabsteine der Schnaittacher Judenfriedhöfe

Die Schnaittacher Synagoge von 1570 ist der älteste vollständig erhaltene jüdische Sakralbau in Franken. Mit den Wohnbereichen für Rabbiner und Vorsänger sowie dem angegliederten Frauenbethaus bildete sie den Mittelpunkt der jüdischen Gemeinde. Schnaittach erfüllte, da es ein Rabbinat besaß und Sitz einer Talmudschule war, auch die Funktion eines regionalen Zentrums. Zu Beginn des 18. Jahrhunderts war der Höhepunkt seines Ansehens erreicht. In ganz Süddeutschland gab es damals nur in Fürth eine zahlenmäßig größere Judengemeinde.

Im Jahr 1537 war für die ständig wachsende Gemeinde ein Friedhof am Rande des Marktfleckens angelegt worden. 1834 wurde die Erschließung einer zweiten Begräbnisstätte nötig. 1897 kam ein dritter Friedhof hinzu. Alle drei stehen heute unter Denkmalschutz.

Synagogenkomplex und Friedhöfe dokumentieren in herausragender Weise das fränkische Landjudentum vergangener Jahrhunderte. Nicht zuletzt deswegen wurde 1996 in dem früheren Sakralbau die Außenstelle des Jüdischen Museums Franken eingerichtet – für Schnaittach eine Attraktion und eine kulturelle Bereicherung gleichermaßen. Das Museum mit Gästen aus aller Welt ist aus der Ortschaft am Fuße des Rothenbergs kaum noch wegzudenken.

Bei einem Besuch im Spätsommer 2002 hatte sich der damalige israelische Botschafter in Deutschland, Shimon Stein, vom Umgang mit den Zeugnissen jüdischen Lebens tief beeindruckt gezeigt. Stein besichtigte zunächst die jüdischen Kult- und Alltagsgegenstände im Museum und begab sich dann zu den Friedhöfen. Vor einem Gedenkstein hörte er sich die schier unglaubliche Geschichte der jüdischen Grabsteine Schnaittachs an.

Synagoge und Friedhöfe waren am 9. November 1938 geschändet worden. Angeblich hatte die NSDAP-Kreisleitung für die Zerstörung der Begräbnisstätten 50 Hitlerjungen aus Berlin angefordert. Dem Hafnermeister Gottfried Stammler, Leiter des Heimatmuseums und Sammler von Antiquitäten, ist es zu verdanken, dass die Frevler ihr Werk nicht zu Ende geführt haben: Unter dem Vorwand des Denkmalschutzes unterband er die weitere Zertrümmerung, heißt es in Chroniken.

Aus den geborgenen Bruchstücken der Grabsteine ist ein Mahnmal entstanden.

Zu diesem Zeitpunkt waren zwei Friedhöfe weitgehend, der dritte vollständig verwüstet. Mehrere hundert Grabsteine beziehungsweise ihre Bruchstücke landeten danach in einem Steinmetzbetrieb, andere wurden für den Straßenbau in der Umgebung Schnaittachs verwendet. Zum Teil mussten die Steine als Uferbefestigung für den Bürgerweiher herhalten, andere wurden zum Bau einer kleinen Mauer im Ort benutzt.

57 Jahre lang gingen die Schnaittacher achtlos an dieser Mauer vorbei. Erst nachdem 1996 ein Zeitungsbericht über das Schicksal der jüdischen Grabsteine erschienen war, sicherte man wenigstens die an der Toreinfahrt in den Boden eingelassenen Steine, auf denen noch hebräische Schriftzeichen zu erkennen waren. Auch an anderen Stellen barg man nun jüdische Grabsteine, zuletzt im Mai 2001 am Ortsrand. Dort hob man teils komplett erhaltene und kulturhistorisch wertvolle Steine behutsam aus dem Wasser der Schnaittach.

Mittlerweile sind die Trümmer auf Betreiben der Gemeinde und in Übereinkunft mit der Israelitischen Kultusgemeinde wieder an ihren ursprünglichen Platz zurückgekehrt. Einige der Bruchstücke hat man in den Gedenkstein auf dem zweiten Friedhof, der seit über 70 Jahren über weite Flächen nur noch eine Wiese ist, eingelassen. Die wenigen erhaltenen beziehungsweise wieder aufgefundenen Steine hat man in einer Reihe entlang der Mauer aufgestellt.

Rückholaktion und Errichtung des Mahnmals waren gut gemeint, was sich auch der Gast aus Berlin im August 2002 beim Anblick der hebräischen Inschriften gedacht haben mag. Shimon Stein hat sich allerdings nicht anmerken lassen, welche Peinlichkeit er mit Sicherheit bemerkt hat: Die Schriftzeichen stehen auf dem Kopf, die Bruchstücke der Grabsteine wurden irrtümlich verkehrt herum in den Gedenkstein eingepasst.

Horst M. Auer

INFOS

Die drei jüdischen Friedhöfe von Schnaittach befinden sich am nordwestlichen Ortsrand am Krankenhausweg. Warum werden Verstorbene im Judentum in einfachen Holzsärgen begraben? Weshalb wird nach einer Beerdigung auf Friseurbesuche verzichtet? Warum hat man im 16. Jahrhundert Fürther Juden in Schnaittach bestattet? Mehr über die Geschichte der drei jüdischen Friedhöfe in Schnaittach, über ihre Schändung im Nationalsozialismus und über jüdische Begräbnisriten in Franken erfahren Besucher bei einer Führung, die unter Telefon 0911/77 05 77 gebucht werden kann. Treffpunkt ist das Jüdische Museum Franken in Schnaittach, das samstags und sonntags von 11 bis 17 Uhr seine Türen öffnet. Im gleichen Gebäude befindet sich das Heimatmuseum, das zu denselben Öffnungszeiten besucht werden kann. Weitere Informationen im Internet unter www.juedisches-museum.org

14 Von Tal zu Tal
Eisenerzabbau im Nürnberger Land

Wenn Maria Mingers nach Büroschluss ihre Freundin in Vorra besuchen wollte, hatte sie die Wahl: Sie konnte von ihrer Arbeitsstelle aus hinunter nach Eschenbach gehen, rechts den Weg nach Alfalter einschlagen und immer am Fluss entlang in Richtung des Zielortes marschieren. Dort kam sie nach knapp zwei Stunden an. Oder sie konnte die Abkürzung nehmen, die viel weniger Zeit kostete, weil es schnurstracks mitten durch den Berg ging: ein schummriger und muffig riechender Stollen zwischen dem Hirschbachtal und dem Pegnitztal.

Der Schachteingang mit den Ausmaßen eines Eisenbahntunnels unweit der Straße Fischbrunn–Eschenbach ist längst verschüttet. Auf der anderen Seite, im Wald hinterm Schloss in Vorra, findet man nach eingehender Suche noch die Reste des zugemauerten Stollenmunds. »Bergwerksgelände – Betreten verboten«, ist auf einer Tafel zu lesen. Hangeinbrüche, durch rostüberzogene Stahlseile abgesichert, und vollkommen überwucherte Abraumhalden sind die auffälligsten Hinweise auf eine Epoche, von der kaum noch Spuren vorhanden sind: Bis kurz nach dem Zweiten Weltkrieg wurde im Raum Hohenstadt Eisenerz abgebaut.

Bereits im 14. Jahrhundert war im Nürnberger Land nach metallhaltigem Gestein geschürft worden. Am nachhaltigsten dürfte der etwa 100 Jahre dauernde Abschnitt der Bergbaugeschichte in Erinnerung sein, der Mitte des 20. Jahrhunderts zu Ende ging. Es war zugleich ihr letztes Kapitel. Das Stollennetz im Altenberg war die größte derartige Anlage weit und breit. 1923 hatte man den Durchschlag vom Fischbrunner »Adele«-Stollen zum Vorraer »Prinz«-Stollen geschaffen – und damit die rund 1,5 Kilometer lange, direkte Verbindung zwischen Hirschbach- und Pegnitztal hergestellt.

Der Heimatkundler Werner Kaschel hat vor Jahren notiert, was dem letzten Bergmann im Hersbrucker Land im Gedächtnis geblieben war: Hugo Pirner, geboren 1906, konnte noch viele Details des Erzabbaus beschreiben; er erinnerte sich auch an dessen Ende 1952 oder 1953: »Ich war der letzte Mann im Bergwerk, denn ich habe den Eingang zugemauert.«

Kaschel wohnt in Hohenstadt in jenem Haus, in dem von 1938 bis 1947 Maria Mingers mit ihrem Ehemann, dem Obersteiger Leo Min-

Zugemauert ist der Eingang des Stollens im Wald in der Nähe der Ortschaft Vorra.

gers, gelebt hat. Seine Aufzeichnungen finden sich in einem Buch, das Günther Schroth verfasst hat: »Eisenerz im Nürnberger Land«. Darin kommt auch ein weiterer Zeitzeuge zu Wort, Leonhard Birkmann. Dieser berichtet von den großen Erzverladerampen an den Bahnhöfen Hohenstadt und Vorra, von den einstigen Werkstätten, den Lagerschuppen und den Holzbaracken der Verwaltung.

Birkmanns Vater war von 1937 bis zu seiner Einberufung zum Militärdienst im Jahr 1940 Bergmann. »Es war eine schwere, aber auch eine begehrte Arbeit.« Als Gelegenheitsarbeiter am Bau sei der Vater froh gewesen, »dass er diesen Job gekriegt hat«. Auch Bauern leisteten gerne Fuhrdienste oder zogen im Schichtdienst ins Bergwerk, weil sie sich nebenher noch ganz gut ihrer Landwirtschaft widmen konnten. Doch der Reineisengehalt des Erzes von 20 bis 30 Prozent war schon für damalige Verhältnisse äußerst gering. Der Hohenstädter weiß noch, dass die Arbeit seines Vaters nicht nur hart, sondern auch »saudreckig« war: »Hemd und Hose waren nach der Schicht rotbraun und von meiner Mutter kaum sauber zu bekommen.«

Birkmann zufolge hing das Wiederaufleben des Bergbaus eng mit der Eröffnung der Eisenbahnlinie Nürnberg–Amberg im Jahr 1859 zusammen. Die »Gesellschaft Maximilianshütte« sicherte sich damals die ersten Schürfrechte, veranlasste Probebohrungen und den Versuchsstollenbau. 1936, als die Rüstungsindustrie bereits auf Hochtouren lief und nicht genug Eisen zu bekommen war, wurde der Erzabbau intensiviert. Der Betrieb wurde nun in »Reichswerke Hermann Göring« umbenannt. Nach dem Krieg gab es in den Gruben fast nur noch Sicherungsarbeiten.

Auf manchen Wanderkarten sind sie heute noch eingetragen, die gekreuzten, auf dem Kopf stehenden Hämmer als Markierungen für ehemalige Schürfstellen und Bergwerke. Bodendenkmalpfleger Schroth schätzt die Zahl der größeren und kleineren Erzgruben links und rechts der Pegnitz auf fast 350. Für ihn sind es erhaltenswerte Relikte der Industriegeschichte, an die auch kommende Generationen erinnert werden sollten: »Schön wäre es, wenn wir einen begehbaren Vorzeigestollen hätten.«

Horst M. Auer

INFOS

Den »Prinz«-Stolleneingang sowie die Hangeinbrüche und Abraumhalden findet man einige hundert Meter südlich von Vorra: den Weg am Schlosspark und dann ein Stück der Pegnitz entlang; nach kurzem Anstieg links eine Ruhebank. Ab hier den Weg verlassen und über eine Wiese den Hang hinauf. Oder ab Vorra, dem Wegweiser Grünstrich und Blaukreuz folgend, einen Bogen von oben schlagen. – Um die Pegnitzer Bergbautradition geht es in Fundort 9.

15 Kunerla auf Bergeshöh'
Die Kunigundenkirche und die Laufer Stadtpatronin

Immerhin etwa 280 Frauen gibt es in Lauf, die den Vornamen Kunigunde, Kuni oder Gunda tragen. Ein germanischer Name, der soviel wie »Kämpferin für ihre Sippe« bedeutet. Auch sonst begegnet man ihm immer wieder in der Stadt mit ihren 26.000 Einwohnern: Da gibt es eine Schule, einen Kindergarten, mehrere Straßen- und Flurbezeichnungen, eine Sozialstation, einen schattigen Bierkeller, eine Wohnsiedlung und sogar eine Biersorte, die alle den Namen Kunigunde tragen.

Der Historiker kennt Kunigunde als Angehörige des Grafengeschlechts der Luxemburger, die um das Jahr 1000 mit dem bayerischen Herzog und späteren König und Kaiser Heinrich II. vermählt wurde. An der Seite ihres Mannes trug die kluge und gebildete Frau Mitverantwortung bei der Regierung des Reiches. Das größte Vermächtnis des kinderlosen Herrscherpaares, gerade für Franken, war die Errichtung des Bistums Bamberg 1007. Kunigunde gründete auch das Kloster Kaufungen bei Kassel, in dem sie verwitwet als einfache Nonne im Jahr 1033 gestorben ist.

Christen verehren in Kunigunde die im Jahr 1200 heilig gesprochene Glaubenszeugin, die neben ihrem Gatten Kaiser Heinrich II., neben Bischof Otto, St. Sebald und St. Gumbertus zu den Patronen des Erzbistums Bamberg zählt. Zahlreiche Darstellungen der Kaiserin auf Altären und Gemälden, die Kunigundenkirchen und die »Kunigundenlinden« in Gräfenberg, Nürnberg und im gesamten fränkischen Raum erinnern an die Heilige.

Für die Lauferinnen und Laufer ist Kunigunde vor allem eine Mädchengestalt in königlichem Ornat, hoch zu Ross unterwegs durch die festlich geschmückte Stadt oder auf dem Kunigundenberg das Volk huldvoll grüßend. Wenn Kunigunde erscheint, jedes Jahr aufs Neue dargestellt von Mädchen der örtlichen Schulen, dann wird in der Pegnitzstadt entweder Kirchweih gefeiert oder ein knappes halbes Jahr später der Weihnachtsmarkt eröffnet. Mit beiden Anlässen ist sie als Patronin der Stadt untrennbar verbunden.

Die »Kunerlaskirwa« ist volkskundlich gesehen eine äußerst bemerkenswerte Verschmelzung von einer ursprünglich kirchlichen Feier mit

Mit einem Modell der Kirche in der Hand
führt Kunigunde den Laufer Festzug an.

der nachreformatorischen Tradition eines Schul- und Kinderfestes und dem »staatstragenden« Dankfest von 1806 anlässlich des Anschlusses von Lauf an das Königreich Bayern.

Ihren traditionellen Mittelpunkt hat die ausgeprägte Laufer Kunigundenverehrung allerdings in der schlichten, spätgotischen Kirche auf dem Kunigundenberg, die um 1500 als Wallfahrtsstätte am Südrand des Bamberger Bistums entstand. Von hier aus bietet sich ein weiter Blick auf die Silhouette der Stadt im Pegnitztal, auf den Moritzberg, den Reichswald und den Rand der Hersbrucker Alb. Durch Brandstiftung ging die Innenausstattung der Kirche, darunter ein wertvoller Flügelaltar mit Szenen aus dem Leben der heiligen Kunigunde, 1910 verloren. Bis 1912 bauten die Laufer ihr »Kunerla« wieder auf.

Heute dient das Gotteshaus als geistlicher Mittelpunkt eines großen Sprengels der evangelischen Gemeinde und ist eine beliebte Tauf- und Hochzeitskirche. Mit dem Modell dieser Kirche in den Händen führt die Laufer Kunigunde Jahr für Jahr den bunten Festzug an, um droben auf dem Berg ihr »Fest der Jugend, Fest der Heimat« zu eröffnen.

Ewald Glückert

INFOS

Abgesehen von den Gottesdiensten ist die Kunigundenkirche in der Regel verschlossen. Das Kunigundenfest wird in Lauf am ersten Sonntag und Montag im Juli mit einem Festzug und allerlei Darbietungen der Schulkinder auf dem Kunigundenberg gefeiert. Ebenfalls mit Kunigunde hoch zu Ross wird knapp ein halbes Jahr später der Weihnachtsmarkt eröffnet. Ihr Gedenktag im Erzbistum Bamberg ist der 3. März. Das Kunigundenfest für die Diözesanpatronin hat religiösen Charakter und wird in der Domstadt jeweils am Samstag vor oder nach dem 3. März gefeiert (siehe auch Fundort 5).

16 Bach auf Abwegen
Der Gefütterte Graben
bei Röthenbach/Pegnitz

Der Fischbach entspringt unweit des gleichnamigen Nürnberger Orts-
teils und taucht nach knapp zehn Kilometern in der Großstadt unter.
Der Röthenbach hat seinen Ursprung in der Nähe von Ungelstetten
(Gemeinde Winkelhaid) und mündet weiter nördlich im Stadtgebiet
von Röthenbach in die Pegnitz.

Was haben die beiden unscheinbaren Bäche miteinander zu tun?
Auf den ersten Blick überhaupt nichts. Nur auf manchen Landkarten
findet sich der entscheidende Hinweis, der für Geschichtsinteressierte
die Klammer bildet: »Gefütterter Graben« ist dort zu lesen. Es ist die
Chiffre für ein ungewöhnliches, ein wenig kurios anmutendes Projekt
aus alter Zeit.

Vor über 600 Jahren war man nämlich ernsthaft daran gegangen,
beide Wasserläufe durch ein künstliches, viele Kilometer langes Bachbett miteinander zu verbinden. Gebaut wurde dieser kleine Kanal mitten im Wald im Nürnberger Auftrag. Die Reichsstadt wollte mit dem
umgeleiteten Röthenbach die ungenügende Wasserkraft des Fisch-
bachs so sehr verstärken, dass sich vor ihren Toren Mühlen betreiben
ließen. Teile des sogenannten Gefütterten Grabens ziehen sich noch
heute gut sichtbar durchs Gelände.

Die ältesten Hinweise auf das ehrgeizige Vorhaben gehen auf das
Jahr 1388 zurück. Die Nürnberger Ratsherren Andreas Pfinzing, Ulrich Haller und Albrecht Ebner sollten damals herausfinden, ob der
Röthenbach in die Stadt geleitet werden könnte. 40 Jahre später trafen sich erneut einige Fachleute zur Ortsbesichtigung. Ob der Baubeginn in diese Zeit fiel, ist nicht vermerkt. Es erscheint aber durchaus
möglich, dass man Teilstrecken fertig stellte, denn Jahre später ist in
schriftlichen Unterlagen immer von einem »Alten Graben« die Rede.

In der Folgezeit wurden wiederholt Messungen vorgenommen, um
»den Röthenbach in die Stadt hereinzubringen«. Zu Ende gebracht
wurden die Arbeiten aber nie. Die Pläne landeten im Archiv. 1496
beschloss der Rat, den Fischbach in den Dutzendteich zu leiten. Die
ursprüngliche Idee, kurz vor Nürnberg Mühlen mit Wasserkraft zu betreiben, musste aufgegeben werden.

Der Gefütterte Graben sollte einst den Röthenbach mit dem Fischbach verbinden.

Vom einstigen Wunschtraum zeugen die Reste des Gefütterten Grabens. Am besten erhalten ist der etwa 500 Meter lange Abschnitt westlich der Autobahn 3, im Reichswald zwischen den beiden Nürnberger Ortsteilen Birnthon und Brunn. Wer an dem künstlichen Bachbett entlangspaziert, staunt, mit welcher Sicherheit die Bauleute der damaligen Zeit die Geländeformen erkannt, vermessen und ausgenutzt haben.

Selbst im Sommer hält sich Nässe in der schnurgeraden Rinne, die offenbar keinen Zufluss hat. Dass das Regenwasser nur sehr langsam versickert, hat einen Grund: Die Bauleute haben die Vertiefung mit Lehm und Steinen »ausgefüttert«. Daher hat der von Menschenhand geschaffene Bach seine Bezeichnung »Gefütterter Graben«.

Aus dem kleinen Kanal im Reichswald hätten die Nürnberger ohne Zweifel großen Nutzen gezogen. Aber der Röthenbach hätte auf seinem Weg nach Norden dann kaum noch Wasser geführt. Die Folgen sind nicht auszudenken: Die Mühlen am Röthenbach wären verlassen, die Siedlungen aufgegeben worden. Ein Röthenbach an der Pegnitz in der heutigen Form hätte es wohl nie gegeben.

Leonhard Herbst

INFOS

Den Gefütterten Graben findet man, wenn man von Ungelstetten dem Weg parallel zur Autobahn (linker Hand) und Röthenbach (rechter Hand) in Richtung Röthenbach/Pegnitz folgt. Nach etwa zwei Kilometern führt links ein Weg unter der Autobahn hindurch in westliche Richtung. Gleich darauf kommt eine Wegkreuzung. Dort geht es geradeaus weiter. Nach der Kreuzung ist der Graben ganz nahe neben der Waldstraße rechter Hand noch über eine Länge von 500 Metern gut erkennbar. In Röthenbach/Pegnitz ist die Conradty-Arbeitersiedlung (Fundort 17) ein interessantes Besuchsziel.

17 Trockenklo nebenan
Die Conradty-Siedlung in Röthenbach/Pegnitz

Weniger als 40 Quadratmeter für eine mehrköpfige Familie, Trocken-klo, Holzlege und Waschküche nebenan in einem Anbau: Legt man Maßstäbe modernen Wohnens an, erscheinen solche Verhältnisse als Zumutung. Doch Anfang des 20. Jahrhunderts hatten sie geradezu Vorbildcharakter.

Die Errichtung der mustergültigen Unterkünfte war das Verdienst von Conrad Conradty. Der Fabrikherr hatte für seine Arbeiter in Röthen-bach/Pegnitz zwischen 1900 und 1914 ein komplettes Wohnquartier aus dem Boden stampfen lassen – Schule, Kindergarten und Krankenhaus inklusive. Heute verkörpern die Häuschen eine der schönsten und am besten erhaltenen Arbeitersiedlungen Süddeutschlands.

Der Bleistifthersteller hatte sich um 1880 in der Ortschaft nieder-gelassen, weil es ihm in Nürnberg zu eng geworden war. Sein Sohn Friedrich verlegte sich von Bleistiften auf Kohlenstifte für elektrische Bogenlampen – und damit ist ihm ein großer Wurf gelungen. Mar-kennamen wie »Noris« und »Kronen« wurden weit über Deutschland hinaus zum Begriff. Das Unternehmen brachte es mit der Herstellung von Elektrografit zu Weltgeltung.

Parallel zur wachsenden Produktion stieg die Zahl der Werktäti-gen. Doch das Reservoir an Arbeitskräften aus Röthenbach und dem Umland war schnell erschöpft. Conradty warb seine Lohnempfänger deshalb auch in weiter entfernten Gegenden an, in Oberfranken und in der Oberpfalz, sogar in Böhmen. So vergrößerte sich das Heer der Beschäftigten von 200 im Jahr 1880 auf über 2.000 im Jahr 1900. Zehn Jahre später waren es schon 3.000.

Soziale Verantwortung und patriarchalische Gesinnung bewogen den Industriellen, seine Arbeiter und deren Familien zum einen in Werksnähe und zum anderen in angemessener Weise unterzubringen. Dazu schuf er Wohnraum in Röthenbach, und das nicht zu knapp. Auch bei der Höhe des Mietzinses zeigte sich Conradty keineswegs knickrig.

Neben dem Wohnungsbau tat sich Conradty auch als Geldgeber beim Bau des Röthenbacher Rathauses, 1902 im Stil der Neurenais-sance entstanden, und der neugotischen Pfarrkirche (1910) hervor.

Die Arbeiterhäuschen der Conradty-Siedlung hat man grundlegend saniert.

Zunächst nahm 1892/94 in der Nähe des heutigen Rathauses die sogenannte »Untere Siedlung«, bestehend aus zwölf Wohnhäusern einfacher Art, Gestalt an. Anschließend begann auf der Anhöhe östlich des Röthenbachs der Bau des eigentlichen Arbeiterquartiers. Bis 1914 wurden insgesamt 180 Häuser mit mehr als 700 Wohneinheiten errichtet. Trotz standardisierter Pläne blieb Raum für Variationsmöglichkeiten, sodass sich am Ende zehn Haustypen ergaben.

Jedes Arbeiterhäuschen hatte vier Wohnungen: zwei im Erdgeschoss mit je 37 Quadratmetern und zwei im Dachgeschoss mit je 32 Quadratmetern. Jeder Mieter verfügte über einen kleinen Kellerraum, manche über ein Stück Vorgarten. Waschküche, Trockenabort und Holzlege waren separat in Nebengebäuden zwischen den Häuserzeilen untergebracht.

In Röthenbach wurden im Laufe der vergangenen Jahrzehnte größere und modernere Wohngebäude errichtet. Doch die Arbeitersiedlung aus der Prinzregentenzeit trotzte den Zeitläuften und blieb in wesentlichen Teilen rund um den Luitpoldplatz erhalten. In seiner Geschlossenheit ist das Quartier heute ein hochrangiges Denkmal der Sozial- und Industriegeschichte.

In den Siebzigerjahren wurde der Stadtteil zwischen Hauptstraße und Bahnlinie zur zweiten Heimat meist türkischer Gastarbeiter, die nicht mehr nur bei Conradty, sondern auch bei Diehl in Lohn und Brot standen. Baulich kam die Siedlung mit den Jahren immer mehr herunter. Vor dem endgültigen Verfall erwarb die städtische Wohnungsbaugesellschaft die übrig gebliebenen Häuschen, deren Zahl bereits merklich geschrumpft war. Schrittweise gelang, in Abstimmung mit der Denkmalschutzbehörde, eine grundlegende Sanierung. Hinter den renovierten Fassaden ist auf großzügigeren Grundrissen mittlerweile moderner Wohnkomfort eingezogen. Aus der Schmuddelecke Röthenbachs wurde eine attraktive Wohngegend.

Doch die Erinnerung an die ursprünglichen Bewohner und an ihre einfachen Wohnverhältnisse soll nicht ganz verblassen: In einem der Conradty-Häuschen wurde ein kleines Museum eingerichtet, das anhand von Möbeln, Postkarten, Bildern und Schautafeln das karge Leben der Arbeiter dokumentiert.

Horst M. Auer

INFOS

Bei einem Spaziergang durch die Conradty-Siedlung rund um den Luitpoldplatz in Röthenbach/Pegnitz bekommt man einen Eindruck von den damaligen Lebensverhältnissen. Eines der Arbeiterhäuschen beherbergt das Stadtmuseum Conradtyhaus (Mühlgasse 1). Es zeigt exemplarisch die Situation des Wohnquartiers zur Erbauungszeit in den Neunzigerjahren des 19. Jahrhunderts. Auf zwei Etagen wird der Alltag von Arbeiterfamilien und die enge Verknüpfung der sozialen sowie städtebaulichen Entwicklung des Ortes mit dem Familienunternehmen Conradty veranschaulicht. Das Stadtmuseum hat jeden Samstag, Sonntag und an Feiertagen von 10 Uhr bis 16 Uhr geöffnet. Weitere Informationen sind beim Röthenbacher Kulturamt unter Telefon 0911/9575 -121, -122, -133 oder im Internet unter www.stadtmuseum-conradtyhaus.de abrufbar.

18 Geheimes Doggerwerk
NS-Rüstungsprojekt in der Houbirg bei Happurg

Wer als ortsunkundiger Wanderer in Happurg den Berg hochsteigt, kann sich auf einige merkwürdige Spuren im Wald nicht so recht einen Reim machen. Überwucherte Entwässerungsgräben sind hier und dort noch im Unterholz zu erahnen; die Reste einer Seilbahn und die Brücke einer Eisenbahntrasse, die einst von Pommelsbrunn zur Houbirg heraufführte, verrotten im Gelände. Und dann tauchen plötzlich zwischen den Bäumen die zubetonierten Eingänge einer Stollenanlage auf. Es ist die Ruine einer unterirdischen Fabrik mit der Tarnbezeichnung »Doggerwerk«.

Als alliierte Fliegerangriffe ab 1942 der deutschen Rüstungsproduktion empfindliche Schläge versetzten, ging das Naziregime daran, kriegswichtige Fertigungsstätten bombensicher unter die Erde zu verlagern. Auch der markante Bergstock bei Happurg, die Houbirg, eignete sich in den Augen der braunen Machthaber wegen seiner weichen, leicht zu bearbeitenden Sandsteinschicht (Dogger) für ein derartiges Vorhaben.

Im Frühjahr 1944 begannen die vorbereitenden Arbeiten. Geplant war, die industrielle Fertigung von BMW-Flugzeugmotoren aus dem bombengefährdeten Allach bei München ins Doggerwerk nach Happurg zu holen. Allein für das Jahr 1944 veranschlagte man die Baukosten auf 15 Millionen Reichsmark. Die unterirdische Fabrik sollte sich über eine Fläche von 120.000 Quadratmetern erstrecken und über elf Zugänge verfügen.

Sehr gelegen kam den Nazis eine leer stehende Kaserne des Reichsarbeitsdienstes im fünf Kilometer entfernten Hersbruck. Das Gebäude wurde als Kommandantur und Unterkunft für SS-Einheiten eingerichtet, das umgebende Gelände mit Baracken, Wachtürmen und Elektrozaun zu einem Konzentrationslager für die Doggerwerk-Arbeiter ausgebaut. Ein weiterer Standortvorteil war für die NS-Rüstungsplaner die Nähe zu einer Hauptstrecke der Bahn.

Bereits im April 1944 trafen die ersten Häftlinge aus dem KZ-Hauptlager Flossenbürg ein, im Sommer waren es schon 2.000. Bis Kriegsende wurden mehr als 9.000 Männer nach Hersbruck verfrachtet und gezwungen, im Schichtbetrieb die Bergstollen unter härtesten Arbeitsbedingungen in die Houbirg zu treiben. Fast die Hälfte der aus

Eine Gedenktafel am zubetonierten
Stolleneingang erinnert an das Doggerwerk.

23 Nationen stammenden Gefangenen überlebten die unbarmherzige Schufterei und die elenden Verhältnisse im Lager mit Krankheiten und Hunger, Seuchen und Übergriffen der SS-Wachleute nicht.

Die Zwangsarbeiter mussten täglich zu Fuß von Hersbruck nach Happurg laufen. Dort gingen sie ab Mai 1944 unter der Anleitung von 400 deutschen Bergleuten ans Werk. Für den Stollenbau schafften sie einen Abraum von 500 000 Kubikmetern Sandstein aus der Houbirg. Die am Rüstungsprojekt beteiligten Firmen forderten die benötigten Arbeitskräfte von der SS an und zahlten für den Einsatz der KZ-Häftlinge eine Leihgebühr.

Bis zum Einmarsch der US-Truppen im April 1945 wurden in nur zwölf Monaten riesige Gänge mit einer Gesamtlänge von fast vier Kilometern in den Bergstock getrieben. Das Tunnelsystem bestand aus acht großen Längs- und Querstollen, die sich hallenartig bis zu einer Breite von zehn und einer Höhe von sechs Metern erweiterten. Die noch vorhandenen Eingänge sind heute verschlossen. An einem der zubetonierten Tore wurde 1998 eine Gedenktafel angebracht.

Das Doggerwerk ging nie in Betrieb und geriet in den Nachkriegsjahren in Vergessenheit. Erst in den Neunzigerjahren setzte eine Diskussion um die Aufarbeitung der Geschichte des KZ Hersbruck ein. Im Jahr 2014 wurden nach langer Vorbereitung Pläne umgesetzt, in Hersbruck und Happurg zwei Erinnerungsstätten zu schaffen und diese durch Sichtachsen miteinander zu verbinden.

Horst M. Auer

INFOS

Auf dem Gelände des ehemaligen KZ an der Amberger Straße in Hersbruck klären Infotafeln über das düstere Kapitel der Stadtgeschichte auf. Am Hang der Houbirg sind die Stolleneingänge beispielsweise vom Parkplatz am Happurger Cafe Ruff über einen Wanderweg (grüner Punkt) zu erreichen. An das Lager und an das Doggerwerk erinnert der 1999 gegründete Verein »Dokumentationstätte KZ Hersbruck« in vielfältiger Weise. Ehrenamtliche des Vereins bieten Führungen über das KZ-Areal und zu den Eingängen der Doggerstollen an. Kontakt: Tel. 09151/82 29 20. Informationen im Netz unter www.kz-hersbruck-info.de – Wer die Houbirg zum Ausflugsziel auserkoren hat, kann auch die Reste einer großen Befestigungsanlage aus keltischer Zeit auf dem Bergstock erkunden (Fundort 19).

19 Ringwall der Kelten
Vorgeschichtliche Befestigungsanlage auf der Houbirg

Plätze mit natürlichem Schutz haben die Menschen schon in alter Zeit magisch angezogen. Ob isolierte Bergplateaus oder Höhenzüge mit steil abfallenden Hängen: Wehrhafte Siedlungen in solchen Lagen waren schwerer zu erobern und boten in einer feindseligen Umwelt ein Gefühl der Sicherheit. Später gesellte sich ein gewisses Prestigedenken hinzu, nämlich das Bedürfnis, Macht und Wohlstand zu demonstrieren.

Zu Beginn des 1. Jahrtausends v. Chr. hatte sich bereits seit etwa 200 Jahren die bronzezeitliche Urnenfelderkultur über weite Teile Mitteleuropas verbreitet. Die Gemeinschaften dieser Epoche lebten zumeist in kleinen Dörfern in bäuerlichen Kulturen. Ab der mittleren und verstärkt ab der späten Urnenfelderzeit nutzten die Menschen auch natürlich geschützte, isolierte Anhöhen zur Anlage von befestigten wie auch unbefestigten Siedlungen. Es entstanden politische, wirtschaftliche und gelegentlich religiöse Machtzentren – Keimzellen der von feudalem Gehabe geprägten Fürstentümer der frühen Kelten.

Im fränkischen Raum sind eine ganze Reihe von Höhensiedlungen dieser Art bekannt: Reste von ehemals bedeutenden Wallanlagen findet man beispielsweise auf der Ehrenbürg bei Forchheim und auf dem Bullenheimer Berg am Westrand des Steigerwalds. Auch auf dem Hesselberg (Kreis Ansbach) und auf der Gelben Bürg bei Dittenheim, ein nördlicher Ausläufer des Hahnenkamms, sind die alten Befestigungen teilweise noch recht gut im Gelände auszumachen.

Als größte Wallanlage jener Zeit in Süddeutschland gilt die Houbirg. Bei einer Gesamtlänge von 4,5 Kilometern umschließt das Bollwerk auf dem Bergstock bei Happurg im Nürnberger Land eine Fläche von mehr als 88 Hektar. Nicht nur die Lage der Umwehrung direkt an der Hangkante verstärkt den Eindruck von Macht und Größe: Der Ostflanke, wo das weniger abschüssige Gelände in die benachbarte Hochfläche übergeht, ist ein breiter und tiefer Graben vorgelagert. Der Höhenunterschied von der Grabensohle bis zur Wallkrone soll einst stolze 18 Meter betragen haben.

Die genaue Konstruktion der Befestigung wirft noch viele Fragen auf. Wissenschaftler nehmen aber an, dass auf den riesigen Erdauf-

Die Wallanlagen sind über weite Strecken noch recht gut im Gelände auszumachen.

schüttungen eine Steinmauer mit leicht nach innen geneigter Außenfront gestanden hat. Wall und Graben wurden im Laufe der Zeit mehr oder weniger stark eingeebnet bzw. verfüllt. Doch die Reste der Wehranlage bieten auch nach 2.500 Jahren einen imposanten Anblick.

Auf der Houbirg hatte in der späteren Hallstattzeit (6. Jahrhundert v. Chr.) eine neue Phase der Besiedlung eingesetzt, die bis in die Frühlatènezeit reichte. Dann begann ein rätselhafter Exodus: Während der Keltenwanderungen entvölkerten sich weite Landstriche.

Auch die Houbirg wurde innerhalb einer Generation von ihren Bewohnern verlassen. John Zeitler, ehrenamtlicher wissenschaftlicher Mitarbeiter der Naturhistorischen Gesellschaft (Nürnberg): »Von einigen zehntausend Menschen im 5. und 4. Jahrhundert v. Chr. blieben in Nordbayern vielleicht ein paar hundert Bauern übrig.« Der Anlass für den Wegzug dürfte nicht in einer äußeren Bedrohung, sondern in stammesgeschichtlichen Wirren zu suchen sein.

Vieles ist noch unerforscht aus der Zeit der Kelten mit ihrer eigentümlichen Zivilisation, die keine schriftlichen Zeugnisse hinterlassen hat. Geblieben sind archäologische Funde von hoher Qualität aus einem Siedlungsgebiet, das von den Pyrenäen bis zu den Karpaten, von Irland bis Delphi reichte. Überliefert sind auch Mythen und Sagen, die meist um Druiden und Barden kreisen. Genauso schwer nachzuzeichnen wie die Herkunft der Kelten ist der Untergang ihrer Kultur zwischen römischer Expansion und der Verdrängung durch die Germanen.

Die Houbirg diente in den beiden letzten vorchristlichen Jahrhunderten wohl nur noch vorübergehend als Zufluchtsstätte. Deshalb kann auf dem Bergstock auch kein keltisches Oppidum, also ein stadtähnliches Gemeinwesen nach antikem Vorbild, bestanden haben, wie immer wieder vermutet worden war: Das Fundmaterial aus dieser Epoche ist dafür einfach zu dürftig.

Wie viele Menschen während der stärksten Besiedlungsphase auf der Houbirg lebten, lässt sich schwer sagen. Trotz der Größe des umwehrten Areals von über 88 Hektar schätzt Zeitler ihre Zahl höchstens auf »vielleicht 1.000 bis 5.000«, verteilt auf mehrere Dörfer. Als sicher gilt, dass über die bäuerlichen Lebensgemeinschaften, zu denen auch Handwerker gehörten, ein Adelsclan herrschte.

Der Sage nach ist auf der Houbirg der Hunnenkönig Attila (gestorben 453 n. Chr.) bestattet. Sein Grab soll mit unermesslichen Schätzen ausgestattet sein. Der große Ringwall ist demnach die gigantische Umwehrung für seine letzte Ruhestätte. Von dieser Legende mag auch die Bezeichnung für einen Hangeinschnitt auf der Südseite herrühren: »Hunnenschlucht«.

Horst M. Auer

INFOS

Wandervorschlag: Parken am Kriegerdenkmal (im Ort dem Hinweis »Café Ruff« folgen). Sträßchen weiter Richtung Café, nach 50 Metern links den Waldpfad mit der Wegmarkierung »Grünes Kreuz« bergauf. Vorbei an der Quelle zum Rand der Hochfläche, weiter bergauf zum Walldurchbruch und relativ eben zum Hohlen Fels, der nach etwa einer Dreiviertelstunde erreicht wird (herrliche Aussicht). Den Stichwall mit der Markierung »Grüner Punkt« bergauf zum Anschluss an den Hauptwall, auf der Wallkrone nach rechts (Osten) bergab bis zur dritten Durchfahrt, dann auf dem Forstweg nach links (Westen, bei Gabelung rechts halten) quer über die Innenfläche zur Hauptauffahrt am Westrand des Plateaus. Auf der Schotterstraße nach ca. 150 Metern links steil über Fußpfad und Hohlweg bergab zum Kriegerdenkmal.

20 Hinterhalt im Wald
Der Fürerstein am Weg nach Haimendorf

Radfahrer, Spaziergänger und mitunter auch Inlineskater schätzen die asphaltierte Piste parallel zur Staatsstraße von Schwaig nach Diepersdorf. Der ehemalige Forstweg hieß im Volksmund – wegen der einstigen Schotterauflage und weil auf dieser Route vor Jahrhunderten die Sandgräber aus Weißenbrunn ihren Silbersand in die Reichsstadt Nürnberg gebracht hatten – »weiße Straße«.

Am Rande dieses alten Handelswegs steht ein Denkmal, das nicht nur aufgrund seiner Form ungewöhnlich ist. Bemerkenswert ist auch die Geschichte, die sich hinter dem Memorial verbirgt: Der Fürerstein erinnert an eine schreckliche Bluttat aus dem Jahr 1565. Teilweise erhellt wird das mysteriöse, bis heute nicht aufgeklärte Verbrechen einige Kilometer entfernt am Fuß des Moritzbergs – in Schloss Haimendorf.

Über dem Portal des einstigen Patriziersitzes taucht sie nicht zufällig wieder auf, die Jahreszahl 1565. Der Quaderbau mit den leicht abgesetzten Ecktürmen, mit dem Graben und der zinnenbestückten Mauer hat sich seit dem späten Mittelalter kaum verändert. Seine Originalität und seine Wehrhaftigkeit weisen dem ländlichen Schlösschen unter den herrschaftlichen Anwesen im Nürnberger Umland eine Sonderrolle zu.

Bereits im 13. Jahrhundert hatte sich in Haimendorf ein Adelsgeschlecht niedergelassen. Die Besitzverhältnisse wechselten immer wieder, bis der Herrensitz 1476 an die Fürer kam. Nach einer ersten Zerstörung im Landshuter Erbfolgekrieg half es offenbar wenig, dass die Patrizierfamilie ihr kleines Wasserschloss weiter befestigte: Ansbacher Truppen verwüsteten das Anwesen im Zweiten Markgrafenkrieg 1552 erneut.

Unverdrossen machten sich die Fürer an den Wiederaufbau. Dieser war 1565 abgeschlossen. So groß die Freude über das Ende der Bauarbeiten war, so groß war die Bestürzung über ein tragisches Ereignis in jenen Tagen: Einer der vier Fürer-Söhne fiel einem Mordanschlag zum Opfer.

Karl Fürer, Miterbauer des Schlosses, befand sich in Begleitung eines Nürnberger Amtsknechts auf dem Heimweg von der Reichsstadt

Fürerstein

Am Schauplatz des Überfalls ließ die Familie Fürer einen Gedenkstein errichten.

nach Haimendorf, als das Unheil seinen Lauf nahm. Die beiden Reiter hatten einen größeren Geldbetrag bei sich, um die Handwerker und Bauleute auszubezahlen. Da fielen unterwegs Wegelagerer über die beiden Geldboten her. Was mitten im Wald genau geschah, konnte nie ermittelt werden. Fest steht, dass Fürers Pferd nach dem Überfall allein nach Haimendorf trabte und dort blutbefleckt ankam. Merkwürdigerweise steckte das Geld noch wohl verwahrt in der Satteltasche.

Die Räuber müssen also leer ausgegangen sein. Die Suche nach den Tätern blieb jedoch erfolglos, am Ort des Geschehens entdeckte man nur Kampf- und Blutspuren. Karl Fürer und sein Begleiter blieben verschollen, heißt es in alten Chroniken. Aufgeklärt wurde das Verbrechen nie.

Am Schauplatz des Überfalls ließ die Familie Fürer Ende des 16. Jahrhunderts einen Gedenkstein errichten. Der Stein ist 2,20 Meter hoch und etwa einen Meter breit. Anstelle der ursprünglichen Tafel, die verschwunden war, hat man vor etlichen Jahren aus Anlass einer Sanierung des Mahnmals eine neue angebracht. Darüber prangt im Rhätsandstein das Wappen der Haimendorfer Patrizier: eine halbe Lilie und ein halbes Rad.

Leonhard Herbst

INFOS

Der Fürerstein steht rechts am Rand des Weges Schwaig–Diepersdorf im Nürnberger Land, etwa 100 Meter vor der Brücke über den Röthenbach. Schloss Haimendorf ist in Privatbesitz und kann nicht besichtigt werden. Weitere Fundorte können in Lauf (15), in Röthenbach/Pegnitz (16 und 17) und bei Ittelshofen (23) erkundet werden.

21 Notkirche in Not
Amberger Barackenkirche aus der Nachkriegszeit

Das ebenerdige, lang gestreckte Gebäude kann man nicht gerade als Schmuckstück bezeichnen. Grau sind Fensterläden und Türen, die rostrote Farbe, mit der die Bretterwände gestrichen sind, kaschiert nur dürftig den provisorischen Charakter. Erst durch ein Schild an der Außenwand wird die Bestimmung des Holzbaus im Amberger Stadtteil Bergsteig klar: »Kapelle der Evangelisch-Lutherischen Gemeinde« ist darauf zu lesen. Es ist womöglich die letzte Barackenkirche aus der Nachkriegszeit in ganz Deutschland.

Auch das Innere wirkt sehr bescheiden. Wo keiner der einfachen, bunten Teppiche den Boden bedeckt, knarrt der Dielenboden bei Schritt und Tritt. Neben einigen Kirchenbänken stehen Stühle und Sessel, die vom Sperrmüll stammen könnten. Ein kleiner Ofen heizt an kalten Wintertagen den niedrigen Raum, dass das Ofenrohr glüht. An der weißen Holzdecke haben sich an manchen Stellen Stockflecken gebildet, weil das nur mit Dachpappe abgedeckte Dach undicht ist. Das hölzerne Lesepult ist aus einem alten Bettgestell zusammengeschreinert.

Es stecken viele Erinnerungen in diesem Betsaal, in dem sich früher 80 oder 90, an kirchlichen Festtagen manchmal noch mehr Gläubige drängten. Russisch-orthodoxe Christen haben die Ikonen gestiftet, die an den Wänden hängen. Die vier Heiligenfiguren über dem schlichten Altar sind eine Spende der Muttergemeinde Paulanerkirche und zierten einmal deren Kanzel. »Das Wort vom Kreuz ist eine Gotteskraft« steht in großen Buchstaben auf der Altarwand.

Kraft brauchten die ehemaligen Zwangsarbeiter und Exkriegsgefangenen, die in ungemein schwierigen Zeiten in Amberg einen Neuanfang wagen mussten. Menschen aus weit über 20 Nationen fanden in der Nachkriegszeit auf dem Bergsteig vorübergehend eine neue Heimat, viele sind geblieben. Der frühere Pfarrer der benachbarten Erlöserkirche, Günter-Wilfried Schmidt, erzählte vor Jahren, dass die Entwurzelten in der Baracke nicht nur seelsorgerischen Beistand erhielten. Es wurden auch Carepakete aus den USA und Kleiderspenden verteilt, Kinderverschickungen und Nähkurse organisiert.

Nicht nur Denkmalschützer wollen die Amberger Barackenkirche erhalten.

In den Wirren vor und nach dem Ende des Zweiten Weltkriegs hatte es zahllose Menschen aus dem Osten nach Amberg verschlagen: Vertriebene und Flüchtlinge, Staatenlose und sogenannte Hilfswillige. In den Baracken eines ehemaligen Militärlagers am Rande der Stadt fanden die Entwurzelten eine Bleibe. Aus den Baracken wurden in den Fünfzigerjahren Wohnblocks, geblieben ist das bunte Völkergemisch – der Bergsteig ist bis heute ein multikulturelles Quartier.

Für die Polen und Letten, Ukrainer und Kalmücken und all die anderen war die Behelfskirche der Mittelpunkt des Barackenlagers. In dem provisorischen Holzbau feierten nicht nur evangelische und katholische Christen ihre Gottesdienste, sondern auch andere Glaubensgemeinschaften. Weiterhin versammelten sich regelmäßig Protestanten und Russisch-Orthodoxe um den Altar.

Plötzlich zogen dunkle Wolken über der Notkirche auf: Die Bergsteig-Baracke war in das Visier der Stadtplaner geraten und sollte einem Begegnungszentrum weichen. »Die wollen nur das Viertel aufmöbeln und betrachten den alten Holzbau als Schandfleck«, schimpfte Pfarrer Schmidt.

Der Theologe stemmte sich vehement gegen den drohenden Abriss: »Die Kapelle ist die Keimzelle unserer Gemeinde. Das Herz der Leute hängt daran. Für viele ältere Amberger ist sie ein wesentlicher Teil ihrer Lebensgeschichte. Bei den Gottesdiensten hier haben sie Tränen in den Augen«.

Schließlich setzte ein Umdenken ein. Inzwischen steht die Kapelle auf der Liste der denkmalgeschützten Bauten in Amberg. Es ist die einzige Barackenkirche in Deutschland, in der noch regelmäßig Gottesdienste gefeiert werden. Hier treffen sich Gläubige der evangelisch-lutherischen Gemeinde Erlöserkirche und der russisch-orthodoxen Gemeinde, die ein Gastrecht hat, zum Gebet. In ihrer Schlichtheit und wegen ihrer bewegten Vergangenheit repräsentiert die Kapelle ein besonderes Kapitel der Kirchengeschichte.

Horst M. Auer

INFOS

Die Barackenkirche steht in der Breslauer Straße 15 im Amberger Stadtteil Bergsteig. Die Kirche ist normalerweise verschlossen. In der Regel wird zumindest jeden dritten Sonntag im Monat um 10.30 Uhr ein Gottesdienst abgehalten. In Ausnahmefällen gewährt das Pfarramt (Tel. 09621/8 21 73) Gruppen einen Einblick in die Kapelle. Ein Unikum einer Notkirche gibt es in Hirschaid bei Bamberg, Sankt-Johannis-Straße 1. Diese entstand 1956 in einer Fabrikhalle und hat sich in ihrer ursprünglichen Form bis heute nicht verändert. Hirschaid hatte erst kurz nach dem Zweiten Weltkrieg durch den Zuzug von Vertriebenen aus Schlesien oder Ostpreußen ein evangelisches Gepräge erhalten. Damals wurde in der Regnitzau eine Werkshalle für eine Orgelbaufirma errichtet, aber Orgeln entstanden darin nie. Auch eine Schuhfabrik hielt sich in dem einfachen Backsteingebäude nicht lange. Da kaufte die stark angewachsene evangelische Kirchengemeinde den Bau und wandelte ihn mit den Spenden von Gläubigen zu ihrem religiösen Mittelpunkt um. Äußerlich weist nur der angebaute Turm auf die veränderte Nutzung des Gebäudes hin. Im Innern verleiht einzig ein byzantinisch anmutendes Fresko den Hauch einer künstlerischen Ausgestaltung. In dieser nüchternen Unversehrtheit feiern die protestantischen Christen bis heute ihre Gottesdienste (sonntags um 9 und um 10.30 Uhr). Die Notkirche St. Johannis ist ein Kulturdenkmal, das in Bayern seinesgleichen sucht.

22 Löwe trifft Bär
Der Wappenfries der Klosterkirche in Kastl

Schon in jungen Jahren hat Armin Binder der eigenartige Wandschmuck in der ehemaligen Klosterkirche von Kastl fasziniert. Doch erst Jahrzehnte später, im Ruhestand, fand der frühere Sparkassendirektor Zeit und Muße, Antworten auf Fragen zu finden, die ihn bereits als Schuljunge bewegt hatten: Warum wurden einst 69 Wappen über den Arkadenbögen im Mittelschiff des Langhauses angebracht? Welche Geschlechter sind hier dargestellt? Welche Beziehungen hatten diese zur damaligen Benediktinerabtei?

Der Kastler Wappenfries ist lange Zeit von der Wand des Mittelschiffes verschwunden gewesen und wurde erst im Jahr 1902 bei Restaurierungsarbeiten in der Kirche wiederentdeckt. 1674 bis 1715 hatte man im Gotteshaus Umbauten vorgenommen und bei dieser Gelegenheit nicht nur die mittelalterlichen Fresken, sondern auch die Wappenschilde einfach übertüncht. Kurz nach ihrer Freilegung wurde die Wanddekoration im Jahr 1906 sorgfältig rekonstruiert. Der Wappenfries von St. Peter ist der einzige dieser Art in ganz Deutschland.

36 Wappen auf Dreiecksschilden sind in einer Reihe auf der Nordseite angebracht, 33 auf der Südseite. Bisher ging die Fachwelt davon aus, dass der Fries seinen Ursprung im ersten Drittel des 14. Jahrhunderts hat. Das war die Glanzzeit des bereits 1102 gegründeten Klosters, dem so berühmte Männer vorstanden wie Abt Hermann, ein Vertrauter Ludwigs des Bayern, den er 1328 zur Kaiserkrönung nach Rom begleitete. Andere Forschungen lassen den Schluss zu, dass eine erste Fassung des Wappenschmucks bereits Ende des 13. Jahrhunderts angebracht worden ist. Damit sind jedoch die Beweggründe für seine Entstehung noch nicht geklärt.

Armin Binder, der seine Untersuchungsergebnisse in einem rund 300 Seiten starken Buch zusammengefasst hat, konnte nicht alles erhellen: »Einer späteren Nachforschung bleibt es überlassen, mehr Licht in dieses Dunkel zu bringen.« Nicht ganz nachvollziehbar erscheint Binder die vorherrschende Meinung, dass es sich um die Wappen der Wohltäter und Gönner des Klosters handeln soll. Denn von den 69 Geschlechtern des Kastler Frieses sind nur 17 als Stifter nachzuweisen,

Der Wappenfries ist im Mittelschiff des Langhauses von St. Peter angebracht.

während bei 18 irgendwelche anderen Beziehungen zur Abtei bestanden haben. Außerdem fehlen einige Adelsfamilien, von denen Stiftungen bekannt sind. Rätsel geben zudem zahlreiche Wappen auf, deren Träger oder Verbindungen zum Kloster Kastl noch ungeklärt sind.

Es tauchen aber auch viele bekannte Bilder, Zeichen und Namen auf. Der böhmische Löwe und der Egloffsteiner Bär, die Wappen der Herren von Rabenstein und Schlüsselberg in der heutigen Fränkischen Schweiz und derer von Hartenstein und Kammerstein. Und der rote Rindskopf mit den goldenen Hörnern, Erkennungszeichen der Rindsmaul von Burg Grünsberg bei Altdorf im Nürnberger Land.

Nicht fehlen darf das Wappen der Schweppermanns, deren prominentester Vertreter zweifelsohne Seyfried (1257–1337) war. Der berühmte Feldhauptmann gilt als Mitstifter der großen Glocke von St. Peter. Als Held der Schlacht bei Mühldorf 1322 durfte er sich beim offenbar recht kargen Siegesmahl über jene berühmt gewordene Auszeichnung durch Ludwig den Bayern freuen: »Jedem Mann ein Ei, dem frommen Schweppermann aber zwei.«

Nach seinem Tod wurde der Feldhauptmann in Kastl beigesetzt. Auf seiner Ehrentumba in der Vorhalle der Klosterkirche thront eine Vase, aus der sinnigerweise zwei Eier hervorlugen.

Nur ein paar Schritte von Schweppermanns Tumba entfernt trifft man erneut auf den Namen Ludwigs: In einem reich verzierten Holzschrank ruht das »Mumienkind«, die dreijährige Tochter des späteren Kaisers. Prinzessin Anna war 1319 bei einem Aufenthalt der Familie in Kastl aus unbekannten Gründen gestorben. Ihr mumifizierter Leichnam wird in einem Kindersarg mit Glasdeckel zur Schau gestellt.

Horst M. Auer

Kastl liegt an der Bundesstraße 299 rund 20 Kilometer nordöstlich von Neumarkt. St. Peter ist in der Regel tagsüber geöffnet. Band 15/2000 der Reihe »Der Eisengau« behandelt den Wappenfries in der früheren Klosterkirche. Das 294 Seiten starke Buch von Armin Binder hat viele Abbildungen und ist unter anderem bei der Marktgemeinde Kastl (Marktplatz 1), im katholischen Pfarramt und im örtlichen Heimatmuseum erhältlich. – Von Kastl ist es nicht weit nach Gnadenberg mit der Ruine des Birgittenklosters (Fundort 24).

23 Gnadenlos ausgerottet
Die Wolfsgrube bei Ittelshofen

Stammvater des Haushunds, des braven Bürgers bester Freund und Gefährte, ist bekanntlich der Wolf. Eine Wölfin hat der Legende nach den neugeborenen Romulus, den späteren Gründer Roms, und seinen Zwillingsbruder Remus gesäugt. Doch da sind auch die Bilder vom Werwolf, vom Wolf im Schafspelz und vom Untier aus dem Märchen »Rotkäppchen«. Gut und böse – seltsam zwiespältig ist das Verhältnis des Menschen zum Canis lupus, der einst fast die gesamte nördliche Halbkugel der Erde bevölkerte.

Bis vor etwa 200 Jahren war der graue Räuber in vielen Regionen Deutschlands heimisch. Auch hierzulande streiften Wölfe durch den Nürnberger Reichswald oder durch den Veldensteiner Forst. Überlebt hat nur der Name des geselligen Rudeltiers in Flur- und Ortsbezeichnungen wie Wolfsschlucht oder Wolfsfelden.

Eine wichtige Rolle spielte der Wolf in alter Zeit als Fabeltier. Im Aberglauben des Mittelalters erschienen Zauberer, Hexen und sogar Teufel als Wölfe. Wie groß die Furcht vor Wölfen noch in jüngerer Vergangenheit war, zeigt ein Beispiel aus dem Jahr 1985: In Neuhaus/Pegnitz erzeugte eine Bürgerinitiative so starken öffentlichen Druck, dass ein Landwirt seinen zahmen Wolf abgeben musste.

Dabei mag die Angst vor dem Raubtier einst durchaus berechtigt gewesen sein. Denn es dezimierte nicht nur das Jagdwild, sondern fiel gelegentlich auch über Schafe und andere Nutztiere her. Ob es jemals Angriffe auf Menschen gegeben hat, ist allerdings umstritten. Laut Überlieferung soll 1653 »ein Knäblein von 7 Jahren zu Höfles bei Lauf von einem Wolff jämmerlicher Weiß erbißen worden« sein. Und bei Niederdombach (Kreis Ansbach) steht am Waldrand ein 1730 errichteter Bildstock, der an das Schicksal einer Magd erinnert, die auf dem nächtlichen Heimweg von Wölfen angefallen und getötet worden war.

Gegen Ende des Dreißigjährigen Krieges, als weite Landstriche entvölkert und verwüstet waren, hatte eine Wolfsplage große Unruhe verbreitet. Besorgt befahl das reichsstädtische Nürnberg 1637 seinen Förstern und Wildmeistern, dass sie »Fleiß anwenden, wie dieser wilden Tiere Grimm gesteuert werden möge«. Im Fürther Land suchte die markgräfliche Obrigkeit 1642 per Verordnung, dem »gemeingefährli-

Zum Teil mit Erde und Laub aufgefüllt ist die in den Felsen gearbeitete Wolfsgrube.

chen Übel« beizukommen. Die Bauern wurden angewiesen, die Wolfsgruben zu erneuern, die Bestien »anzuludern und durch den Zeug« zu
fangen. Sogar Prämien wurden ausgesetzt: Für einen getöteten Wolf
gab es einen Reichstaler.

Und so rückte man den ungeliebten Tieren mit Fangeisen und
Fallgruben, auf Treib- und Hetzjagden zu Leibe. Als Folge der gna-
denlosen Nachstellungen wurden die Wölfe in vielen Gebieten zu-
rückgedrängt oder sogar ausgerottet. Vor allem die fortschreitende
Verbesserung und Verbreitung der Schusswaffen führten dazu, dass
der Bestand rapide zurückging.

Im Erlanger Land war es 1809 dem Revierförster Konrad Nützel vergönnt, den letzten Wolf zur Strecke zu bringen. Der Balg wird heute
noch im Stadtmuseum von Erlangen aufbewahrt. Bereits 1790 war bei
Gleißenberg im Steigerwald der letzte Wolf totgeschlagen worden.

Die Gleißenberger Bauern hatten ihre Beute seinerzeit in eine Fall-
grube gelockt. Eine solche Fangvorrichtung hat sich im Nürnberger
Land im Wald zwischen Offenhausen und Weißenbrunn erhalten. Die
historische Wolfsgrube von Ittelshofen ist womöglich die letzte ihrer
Art in der gesamten Region.

Die alte Fangvorrichtung ist am Berghang in Ortsnähe in den Sandstein eingegraben. Mit einem Durchmesser und einer Tiefe von je
knapp vier Metern entspricht das beinahe kreisrunde Loch im Boden

der Beschreibung von Wolfsgruben aus dem 17. Jahrhundert. Die Bauern versuchten damals ihr Jagdglück, indem sie die Falle mit Reisig zudeckten und mit einem Köder bestückten. Ließ sich der Wolf übertölpeln, gab es kein Entrinnen mehr. Dann war sein Schicksal besiegelt.

Horst M. Auer

Ittelshofen liegt im Nürnberger Land auf halbem Weg zwischen Hersbruck und Altdorf. An der Durchgangsstraße in der Ortsmitte führt ein Weg in südlicher Richtung entlang eines Bächleins zum Wald und dann den Hang hinauf. Rechter Hand auf einem kleinen Vorsprung des Berghangs, keine 100 Meter von Ittelshofen entfernt, findet man die in den Sandstein eingegrabene Wolfsgrube. Weitere Fundorte sind in Lauf (15), bei Haimendorf (20) und in Röthenbach/Pegnitz (16 und 17).

24 Selbstbewusste Frauen
Die Ruine des Birgittenklosters in Gnadenberg

Wo die Oberpfalz an Mittelfranken grenzt, liegt Gnadenberg. Wuchtige Torhäuser markieren den äußeren Bezirk eines ehemaligen Klosters von europäischem Rang. Auch rund 380 Jahre nach seiner Zerstörung ist das Birgittenkloster ein zwar unvollständiges, aber ungemein wirkungsvolles Baudenkmal.

Wer den engeren Bereich der bereits im Zuge der Reformation aufgelösten Klosteranlage betritt, wird unweigerlich vom Flair einer versunkenen Welt in den Bann gezogen. Es ist der Anblick einer Ruine, der einem den Atem verschlägt: Über den gewaltigen Umfassungsmauern der früheren Klosterkirche mit ihren gotischen Fensteröffnungen weht ein Hauch von Mystik. Mitten im dachlosen verwunschenen Kirchenschiff breitet sich heute ein idyllischer Obstgarten aus.

»Es war das erste Birgittenkloster in Deutschland«, erzählte einst Heimatforscher Josef Breinl aus Berg. Gegründet wurde es vor 1430 von der Gemahlin Johanns I., Pfalzgraf von Neumarkt: Katharina von Pommern hatte nicht nur enge familiäre Beziehungen zu Schweden, sondern war dort auch in einem Birgittenkloster erzogen worden. Wie die offenbar recht selbstbewusste Frau galten auch die weiblichen Mitglieder der Ordensgemeinschaft als ausgesprochen emanzipiert.

Viele Nonnen entstammten Nürnberger Patrizierfamilien, und das war auch kein Zufall. Als Standort für das Kloster war gezielt der Eichelberg (der fortan Gnadenberg hieß) an der Grenze zum Territorium der mächtigen Reichsstadt ausgewählt worden: Der Pfalzgraf, wegen der Hussitenkriege knapp bei Kasse, durfte für sein Projekt auf wohlwollende Unterstützung durch das Nürnberger Patriziat hoffen. Allen voran zeigten sich denn auch die Fürer, die mit Barbara Fürer von 1489 bis 1509 eine Äbtissin stellten, als großzügige Förderer. Die Patrizierfamilie leistete sich in Gnadenberg sogar einen Landsitz – das heutige Pfarrhaus.

Der Klosteralltag richtete sich nach den Regeln der Ordensgründerin Birgitta und verpflichtete beispielsweise zu vegetarischer Ernährung. Den Vorgaben entsprach auch, dass es sich um ein Doppelkloster mit 60 Nonnen und zwölf Mönchen handelte. Allerdings waren beide

Das Epitaph des 1466 verstorbenen Martin von Wildenstein ist aus rotem Marmor.

Konvente streng voneinander getrennt — in der dreischiffigen Hallenkirche durch ein Gitter. Eine weitere Eigenheit des Gotteshauses: Der Hochaltar, zu dem im Chorraum zwölf Altäre hinführten, lag im Westen.

»Keine Birgittenkirche entspricht den Bauvorschriften der heiligen Birgitta so genau wie Gnadenberg«, erläutert Ortsheimatpfleger Breinl. Dadurch kommt dem Baudenkmal eine besondere Bedeutung zu. Mit der stolzen Länge von 70 Metern und 37 Metern Breite braucht das Gotteshaus in der Oberpfalz größenmäßig kaum einen Vergleich zu scheuen. Nicht weniger als 3.000 Baumstämme mussten für den Dachstuhl geschlagen werden. Einmalig in Süddeutschland ist die nordische Gotik, die die Maßwerkfenster in Dreiergruppen unter großen Spitzbögen vereint.

In der Blütezeit gehörten zum Kloster eine ausgedehnte Gärtnerei, Fischweiher und ein Weinberg, Handwerksbetriebe und eine Brauerei. Nach ihrer Sanierung ist in der Klostermühle ein Heimat- und Mühlenmuseum eingerichtet worden.

Das Ende des Klosterlebens kam mit der Reformation. Im Dreißigjährigen Krieg wurden die Gebäude schließlich zerstört, ausgerechnet von Schweden, von Truppen also aus dem Land der Ordensgründerin Birgitta. Nach einer Sage soll im Jahr 1635, als das Birgittenkloster ei-

gentlich längst schon verwaist war, die Nonne Judith auf einen heran-
nahenden Reiter geschossen haben. Daraufhin brannten die Schweden
alles nieder. Bei Vollmond – so die Legende – hört man Judith bis
heute in der Ruine singen, beten und weinen.

Neben den imposanten Kirchenmauern sind noch Teile des Schwes-
ternkonvents erhalten. Ein Trakt wurde 1655 zur Pfarrkirche St. Birgitta
umgebaut. Dazu hat man kurzerhand die Decke zwischen Refektorium (Speisesaal) und dem darüber liegenden Dormitorium (Schlafraum)
entfernt und den so entstandenen Saalbau in barockem Stil ausgestaltet.

Horst M. Auer

INFOS

Gnadenberg liegt in Sichtweite der Autobahn 3 zwischen Altdorf
und Neumarkt. Die ehemalige Klosteranlage ist frei zugänglich.
Führungen für Gruppen auf Anfrage bei Josef Breinl (Telefon:
0 91 89/12 52). Zum Heimat- und Mühlenmuseum in der her-
gerichteten Klostermühle gehört auch eine kleine Gastronomie
nebst Biergarten. Adresse: Klostermühle 1, Berg bei Neumarkt,
Tel. 09189/9457. Führungen in der Klosterruine Gnadenberg nach
Vereinbarung auch über das Pfarramt Gnadenberg, Tel. 09187/
902044. Erläuterungen im Internet unter www.bistum-eichstaett.
de/pfarrei/gnadenberg

25 Haus ohne Dach
Uralte Felsenwohnung in Kallmünz

Wie man auch mit geringem Aufwand zu einem eigenen Heim kommt, bewies bereits vor vielen Generationen ein findiger Bauherr in Kallmünz. Keine Ziegel, kein Dachstuhl, kein Keller und nur eine einzige Außenwand: Das »Haus ohne Dach« in der Oberpfälzer Gemeinde ist eine Kuriosität und für Besucher eine viel bestaunte Attraktion. Ob seine Bewohner bei dem Gedanken, dass über dem Bett der 40 Meter mächtige, viele Tonnen schwere Burgfelsen hing, schlecht geschlafen haben, ist nicht bekannt.

Die Höhle im Jura-Gestein diente wahrscheinlich schon in vorgeschichtlicher Zeit als primitive Wohnstätte. Wann zum ersten Mal eine vorgebaute Mauer mit Tür- und Fensteröffnungen errichtet worden ist, weiß niemand mehr. Vermutlich geschah dies vor vielen Jahrzehnten, als die Kallmünzer auch etliche Vorratsräume und Lagerkeller im Burgberg eingerichtet haben. Damals ist wohl auch das »Haus ohne Dach« in der heute bekannten Gestalt entstanden.

Für moderne Ansprüche waren die Wohnverhältnisse mehr als dürftig. Ältere Einheimische berichten, dass es keinen Wasseranschluss und zunächst auch keine Stromversorgung gab. Den ausgeglichenen Innenraumtemperaturen dürften die Bewohner kaum positive Seiten abgewonnen haben. Denn die meiste Zeit des Jahres war es schlichtweg zu kühl. Beheizbar war immerhin die Wohnstube, einer von zwei Räumen neben einer kleinen Kammer.

Das größte Problem aber war die Feuchtigkeit. Es wird erzählt, dass Regenwasser durch die Ritzen und Fugen des Burgfelsens nach unten gesickert ist. Einer der letzten Hausbesitzer soll schließlich in der Schlafkammer unter dem natürlichen Felsdach eine Zwischendecke aus Holz eingezogen haben, weil es immer wieder aufs Bett tropfte. Nach dem Zweiten Weltkrieg hatte das »Haus ohne Dach« ausgedient. Dass der letzte Bewohner wegen des ungesunden Raumklimas an Rheuma verstorben ist, will in Kallmünz niemand bestätigen. Heute wird die Felsenwohnung nur noch als Abstellkammer benutzt.

Ganz in der Nähe der Felsenbehausung stand früher eine alte Schmiede. Im Jahr 1964 war der Handwerksbetrieb durch einen Felssturz zerstört worden: Aus großer Höhe hatte sich ein gewaltiger Brocken gelöst und die Dorfschmiede samt Meister unter sich begraben.

Eine besondere Attraktion ist die frühere Behelfswohnung im Jura-Gestein in Kallmünz.

Schroffe Felswände sind ein Markenzeichen von Kallmünz, wie die Flüsse Naab und Vils, die hier zusammenfließen und den historischen Ortskern regelrecht umklammern. Ein Spaziergang durch den Marktflecken ist wie eine kleine Reise in die Vergangenheit. Die Steinerne Brücke von 1558, die Burgruine hoch über der Gemeinde, die von einheimischen Künstlern reich ausgestattete Kirche St. Michael und viele romantische Winkel wecken nostalgische Gefühle. Eine architektonische Rarität ist der Schiefe Turm auf dem Renaissance-Rathaus von Kallmünz: Seine Turmglocke aus dem Jahr 1603 hat einst die Bürger nachhaltig an ihre Steuerpflicht erinnert.

Horst M. Auer

INFOS

Kallmünz liegt östlich von Parsberg zwischen Neumarkt und Regensburg. Das »Haus ohne Dach« in der Vilsgasse 26 ist in Privatbesitz und eigentlich nicht zu besichtigen. Falls doch eine Möglichkeit besteht, weiß darüber Rosa Donauer vom Fremdenverkehrsverein, Tel. 0 94 73/421, Bescheid. Das an der Vils-Mündung gelegene und von einer Burg überragte Kallmünz gilt als die »Perle des Naabtals«. Auskunft beim Verkehrsamt der Gemeinde, Marktplatz 1, Tel. 09473/94010, und im Internet unter www.kallmuenz.de

26 »Lust zum militari«
Das Grab der »Kettnerin«, die in der Habsburger Armee diente

Am 22. Januar 2002 jährte sich der 200. Todestag einer ungewöhnlichen Frau: Johanna Sophia Kettner aus Titting (Landkreis Eichstätt) verleugnete über Jahre ihr Geschlecht und diente als Soldat in der Habsburger Armee. Schon zu Lebzeiten sorgte ihr Lebenswandel für Aufsehen. Der Eichstätter Heimatforscher Rudi Hager sagte über Johanna Sophia Kettner: »Sie war eine Frau, die viel lieber ein Mann gewesen wäre.«

In einem Lexikon aus dem Jahr 1802 wird die Tittingerin so beschrieben: »Schon als Kind fand sie kein Vergnügen an den Spielen der Mädchen, machte vielmehr alle soldatischen und andere Übungen der Knaben mit, verkleidete sich öfter als Junge, um nur auf einem Pferde durch die Stadt galoppieren zu können.« Beerdigt ist Johanna Sophia Kettner auf dem Westenfriedhof in Eichstätt. Die Inschrift auf dem Grabstein gibt erste Hinweise auf ihren Lebenslauf. Als zusätzliche Quellen liegen Bücher, Zeitungsartikel und handschriftliche Protokolle aus dem Kriegsarchiv in Wien vor.

Die Mutter der »Kettnerin« war früh gestorben. Der Vater, von Beruf Bierbrauer, setzte sie unter Druck: Sie sollte heiraten und im Gast- und Brauereigewerbe tätig werden. Doch die burschikose Tochter schlug einen anderen Weg ein. Bereits als junges Mädchen, so heißt es, habe sie »eine natürliche Lust zum militari« gehabt. Sie kümmerte sich nicht »umb das Männer Volkh« und zog zu ihrer Tante, die in Oberösterreich eine Wirtschaft führte.

Im August 1742 passierte es dann: Mit drei Burschen wanderte sie nach Ried, um zur Beichte zu gehen. Auf dem Leib trug sie Hose und Hemd ihres Bruders. Der war in ein Kapuzinerkloster eingetreten und hatte ihr seine weltliche Kleidung überlassen.

Nach der Beichte kehrten die vier Wallfahrer in ein Gasthaus ein. Nachmittags betraten drei Habsburger Werber die Wirtsstube, um neue Soldaten anzuwerben. Johanna Sophia Kettner meldete sich sofort. Ihre Begleiter waren verblüfft, verrieten sie jedoch nicht.

Wie sie die Musterung überstanden hat, darüber gibt es verschiedene Versionen. Weil Soldatenmangel herrschte, sei die Untersuchung

Wares Portrit der Iohana Sophia
Köttner. geboren aus Æügstætt. 1721.
Wurde Soldat 1738 dienete Seiner Maje:
Maria theresia durch iij jahre bis 1752.
Unter dem Lebl. Regimet hachenbach.
Avansirt: wegen dapserhaldung bis zum
feltwebel. wegen einer erhaldener blesur.
wurde Sie als weibsperson entdeckt.

Johanna Sophia Kettner aus Titting verleugnete über viele Jahre ihr Geschlecht.

»nicht scharf« gewesen, heißt es in der Literatur. »Noch kam ihr ein günstiger Umstand zu Hilfe. Es wurde eine ziemliche Anzahl angeworbener Soldaten mit ihr zugleich zu Visitation gerufen. Währenddessen sprang sie voll jugendlichen Feuers über Tische und Bänke so behend und unermüdet weg, daß der Chirurgus ausrief: Diesem Recruten fehlt ohnehin nichts. Der braucht nicht visitiert zu werden.«

Für den Heimatforscher Hager sind das eher Ausschmückungen. Er geht davon aus, dass die Werber, die sie angesprochen hatten, sehr wohl wussten, dass sie es mit einer Frau zu tun hatten. »Aber sie haben für jeden angeworbenen Rekruten einen Batzen Geld gekriegt.«

Sechs Jahre diente die Tittingerin in der Armee, »ohne daß jemand auf den Argwohn hätte kommen können, sie sei keine Mannsperson«. In der Schlacht im oberitalienischen Pienza am 16. Juni 1746 zeichnete sich »der Soldat« durch besondere Tapferkeit aus und wurde zum Korporal befördert. Erst eine Krankheit, »ein hitziges Fieber«, offenbarte ihr wahres Geschlecht. Die Militärkarriere war zu Ende.

Nach der peinlichen Entdeckung wurde Johanna Sophia Kettner nach Wien zur Kaiserin Maria Theresia zitiert. Dort behandelte man sie mit Respekt. Ein Vorgesetzter schloss seine Beurteilung mit dem Satz, dass er sich nichts anderes wünsche, »als dass alle Soldaten von solcher Herzhaftigkeit wären wie dieses junge Weibsbild ist«. Die Waffenträgerin wurde in allen Ehren entlassen und bekam von der Kaiserin eine lebenslange Pension von monatlich acht Gulden zugesprochen.

Auch nach ihrem Militärdienst war die »Kettnerin« alles andere als eine angepasste Frau. Sie arbeitete als Hausiererin und zog schließlich nach Eichstätt. Bei Volksfesten schlüpfte sie in ihre alte Uniform »und drehte sich mit jungen Mädchen im Wirbeltanz«. Geheiratet hat sie nie. Im Alter von 84 Jahren starb Johanna Sophia Kettner als angesehene Bürgerin.

Margit Auer

INFOS

Der Westenfriedhof liegt an der Westenstraße in Eichstätt, nahe der Stadtmitte neben der Michaelskapelle. Der Grabstein von Johanna Sophia Kettner, an dem eine kleine Gedenktafel angebracht ist, befindet sich im oberen Bereich des in leichter Hanglage angelegten Friedhofs und ist nicht schwer zu finden. Der auch »Pestfriedhof« genannte Westenfriedhof ist eigentlich immer zugänglich. Rund um die barocke Kreuzigungsgruppe sind auf dem 1851 als Begräbnisstätte aufgelassenen Friedhof noch viele historische Grabsteine zu finden. Über Sehenswürdigkeiten in Eichstätt gibt die Tourist-Information, Domplatz 8, Tel. 08421/6001400, Auskunft.

27 Totenreich unter der Schlosskirche
Die Gruft der Wolfsteiner in Sulzbürg

Ganz hinten am Ende des Mittelgangs bedecken schwere Holzbohlen den Kirchenboden von St. Michael in Sulzbürg. Darunter verbirgt sich der Schacht eines Treppenabgangs. 13 Stufen führen hinab zu einem Vorraum, dann sind es noch ein paar Schritte bis zu einem Eisengitter. Die mitgebrachte Lampe wirft gespenstische Schatten auf das niedrige Gewölbe. Der Besucher steht vor einem historischen Kleinod, das bis zur 1990 beendeten Kirchenrenovierung zugemauert und beinahe vergessen war: die geheimnisumwitterte Gruft der Wolfsteiner.

Seit fast 70 Jahren war der Raum nicht mehr betreten worden. Eine dicke Staubschicht bedeckte die insgesamt zwölf Grablegen, die sich auf Steinpodesten um eine wuchtige Säule gruppierten. Einige der Sarkophage waren von der Zinnpest angefressen, an den hölzernen Särgen nagte ebenfalls der Zahn der Zeit. Durch schmale Luftöffnungen war allerlei Unrat in die Gruft gelangt.

Ab dem Jahr 2005 machte sich die Gemeinde an die Renovierung der letzten Ruhestätte der Grafen. Die vielen Kindersärge wurden wieder vollständig zusammengesetzt, mumifizierte Tote und ihre Grabbeigaben in die aufgemöbelten Särge gebettet. Nach wie vor wird die einzige in den Boden eingelassene Grabstätte von einem kunstvollen Epitaph bedeckt. Inschriften verraten Namen und Lebensdaten der Grafen, Freifrauen, Komtessen und der anderen Mitglieder des Adelsgeschlechts, deren sterbliche Überreste im Totenreich unter der Schlosskirche ruhen.

An der Wand, wo durch einen Lüftungsschacht ein Lichtstrahl hereinfällt, steht ein hölzerner Kindersarg für sich allein. Hier ruhen die Gebeine des kleinen Erbgrafen Friedrich Wilhelm August, der 1728 im zarten Alter von zwölf Jahren gestorben ist. Er war der letzte Spross der Herren im Landl. Dass der schlichte Sarg weder beschriftet noch verziert ist, liegt wohl an der übergroßen Verzweiflung seiner Eltern, die ihn überlebten. Mit dem Tod seines Vaters Christian Albrecht im Jahre 1740 erlosch das Geschlecht. Die Reichsherrschaft Sulzbürg ging an den Kurfürsten Karl Albrecht von Bayern über.

Die Sulzbürg-Wolfsteiner hatten sich gegen Ende des 13. Jahrhunderts nach der Burg Wolfstein benannt. Ihr Aufstieg war beachtlich: Als Dank für besondere Verdienste um das Reich erhob Kaiser Karl V. sie

Der Staub der Jahrhunderte bedeckt die Särge in der Gruft unter der Michaelskirche.

1523 in den erblichen Reichsfreiherrenstand, Kaiser Leopold I. erhob sie 1673 in den Reichsgrafenstand. Bei ihren Untertanen erfreuten sie sich über die Jahrhunderte großer Beliebtheit und hoher Wertschätzung.

Gerühmt wird die Toleranz der Familie in Glaubensfragen. Sie hatte es zugelassen, dass sich in ihrem Reichslehen Juden ansiedelten, die für mehr als 500 Jahre eine Säule der Gemeinschaft bildeten. Luthers Lehre fand einen guten Nährboden: Mitte des 16. Jahrhunderts hielt die Reformation Einzug. Die Sulzbürger blieben auch dann noch protestantisch, als die an Bayern gefallenen oberpfälzischen Gebiete rekatholisiert worden waren. Um 1650 öffneten die Wolfsteiner evangelischen Exulanten aus Österreich ihre Grenzen. Die Einwanderer kamen aus dem »Ländchen ob der Enns«. Davon leitet das Landl seinen Namen ab.

Allerdings musste das Landl sein Recht auf freie Religionsausübung hart erkämpfen. Denn die neuen Herren ließen die Schlosskirche 1755 für die Evangelischen sperren und dort katholische Gottesdienste abhalten. Aus Protest versammelten sich die Einheimischen 36 Wochen lang zu ihren Andachten vor St. Michael im Freien – bis der Kurfürst schließlich einlenkte und den Katholiken nebenan eine eigene Kirche errichten ließ.

Die Gruft der Wolfsteiner unter der im Markgrafenbarock erbauten Schlosskirche gilt als einzigartig im katholischen Bayern. Historiker sehen in ihr auch eine Verkörperung der Geschichte des altbayerischen Protestantismus: Im Übergang des Landls als erster evangelischer Landesteil an das katholische Kurbayern liegen möglicherweise sogar die Wurzeln der Evangelisch-Lutherischen Landeskirche in Bayern.

Horst M. Auer

INFOS

Sulzbürg liegt südlich von Neumarkt. St. Michael bildet zusammen mit der benachbarten katholischen Kirche »Maria Sieben Schmerzen« auf dem Schlossberg das weithin sichtbare Wahrzeichen der Gemeinde, die ein Ortsteil von Mühlhausen ist. Die Grafengruft der Michaelskirche ist an manchen Tagen zugänglich, etwa alljährlich im September am Tag des offenen Denkmals. Die genauen Termine, auch zu geführten historischen Spaziergängen durch die Gemeinde, werden auf der Homepage der Gemeinde veröffentlicht. Dort sind auch Bilder aus der Renovierungszeit mit einigen geöffneten Sarkophagen und den mumifizierten Toten zu sehen (Internetadresse: www.sulzbuerg.de). Aus einem verglasten Vorraum der Kirche kann man einen Blick auf den Kanzelaltar und die Grafenloge werfen. Sehenswert sind in Sulzbürg auch das Landl-Museum und der bereits um 1435 angelegte jüdische Friedhof.

28 Kanal-Vorbau
Die Mindorfer Linie des Main-Donau-Kanals bei Pyras

Mit der Eröffnung des Main-Donau-Kanals am 25. September 1992 erfüllte sich ein alter europäischer Traum: Eine durchgehende Wasserstraße von der Nordsee zum Schwarzen Meer war Wirklichkeit geworden. Die Verbindung der beiden Flusssysteme von Main und Donau für die Schifffahrt gelang rund 1.200 Jahre nach dem Bau der Fossa Carolina durch Karl den Großen und knapp 150 Jahre nach Vollendung des Ludwigskanals zwischen Bamberg und Dietfurt.

Doch der Weg zum modernen Europakanal erwies sich als mühevoll. Meilensteine waren die Gründung des Deutschen Kanal- und Schifffahrtsvereins Rhein-Main-Donau im Jahr 1892 und die Etablierung der Rhein-Main-Donau AG 1921. Aber erst 1972 konnte nach zehnjähriger Bauzeit die Nordstrecke Bamberg–Nürnberg eingeweiht werden, 20 Jahre später schipperten die ersten Lastkähne bis nach Kelheim.

Weitgehend unbekannt ist, dass der Kanalbau eine Vorgeschichte hat, und zwar im Landkreis Roth. Dort war bereits unter den NS-Machthabern kräftig gebuddelt worden. Doch das Vorhaben, eine als Mindorfer Linie bezeichnete Trassenvariante, blieb in den Kriegswirren stecken. Am Ortsrand von Pyras, Markt Thalmässing, hat der Fehlversuch bleibende Spuren in der Landschaft hinterlassen.

Bei Planung und Bau der Schifffahrtsstraße war es wiederholt zu Rückschlägen gekommen. Über Jahrzehnte hinweg wurden immer wieder neue Untersuchungen angestellt, Linienführungen ent- und wieder verworfen. Im Raum Hilpoltstein-Thalmässing ging es schließlich zur Sache. Dort wurde wohl deshalb mit dem Kanalbau begonnen, weil die nahe gelegene Reichsautobahn München–Berlin eben fertig gestellt worden war und ein Heer von Arbeitskräften auf Beschäftigung wartete.

Dabei galt es in diesem Bereich eine schwierige Aufgabe zu bewältigen: der Anstieg des Kanals auf 406 Meter Höhe zur Scheitelhaltung. Heute ist das Problem mithilfe von zwei riesigen Schleusen gelöst, die eine Hubhöhe von jeweils 25 Metern aufweisen.

Die Planer des Naziregimes hatten sich die Mindorfer Linie ausgedacht: Statt östlich, wie heute, wollten sie die Trasse westlich an Hil-

Ein Brückentorso zeugt in der Nähe von Pyras vom gescheiterten Kanalbauversuch.

poltstein vorbeiführen und auf dieser Route den Steilanstieg zur Überwindung der kontinentalen Wasserscheide meistern. Auf dem weiten Bogen von Roth–Eckersmühlen nach Hofstetten, Pyras, Mindorf und weiter in Richtung Sulzkirchen waren fünf Schleusen mit jeweils zehn Metern Hub geplant.

1938 rückten die Bautrupps an. Große Waldflächen wurden abgeholzt, riesige Erdmengen bewegt. Bei Pyras verlegten Arbeiter den Minbach und steckten ihn in eine fast 50 Meter lange Röhre. Mächtige Pfeiler, neben dem Tunnel tief im Boden verankert, sollten eine Brücke für die Ortsverbindungsstraße Mindorf–Pyras über Kanal und Bach tragen.

Doch das ehrgeizige Vorhaben scheiterte kläglich. Auch die Zwangsverpflichtung von polnischen Kriegsgefangenen als Ersatz für die zum Kriegsdienst eingezogenen Arbeiter konnte das Kanalprojekt nicht mehr retten. 1942 wurde das Bauvorhaben endgültig eingestellt. Die Wasserstraße hat man 40 Jahre später einige Kilometer weiter östlich in die Landschaft gegraben.

Mitten auf einer Wiese am Ortsrand von Pyras zeugt heute der Brückentorso vom Kanalbauversuch der Nazis. Nur die ältesten Dorfbewohner können sich an das vor ihrer Haustür grassierende Baufieber noch erinnern. »In Richtung Hofstetten haben sie eine Menge Wald umgehauen«, schilderte vor Jahren Gastwirt Paul Hauselt aus Erzäh-lungen. Hauselt hat als Kind oft am Bachufer gespielt und sich dabei manchmal durch den Bachtunnel gewagt.

Längst ist das unvollendete Bauwerk von Gebüsch eingerahmt und von Moos überzogen. Das Wissen um die einst vorgesehene Funktion verblasst selbst in Pyras immer mehr. Doch niemand nimmt Anstoß an der Bauruine, einem Denkmal, das auch das Scheitern des unseligen Machtapparats versinnbildlicht.

Horst M. Auer

INFOS

Pyras liegt zwischen Hilpoltstein und Thalmässing im Landkreis Roth. Der Brückentorso steht unweit der Straße Mindorf–Pyras kurz vor Pyras (an der Straßenbiegung rechter Hand). Für die Kanalbaustellen bei Pyras und Mindorf war in Hilpoltstein ein dreigleisiger Materialbahnhof mit Ladekran und Anschluss für eine Feldbahn errichtet worden. Wer sich in der Gegend befindet, sollte an St. Stephanus im Hilpoltsteiner Ortsteil Mindorf nicht vorbei-gehen. Das Gotteshaus ist eine der bedeutendsten Wehrkirchen Frankens und ein kunsthistorisches Kleinod. Der beeindruckende Bau mit dem massigen Turm beherbergt eine Holzdecke mit Scha-blonenmalerei aus der Spätgotik. In der Sakristei zieren Fresken aus dem 14. Jahrhundert das Gewölbe. Weitere Informationen beim Amt für Kultur und Tourismus, Marktstraße 1 in Hilpoltstein, Tel. 09174/ 978-505.

29 Totenruhe am Spielfeldrand
Das Mehler-Mausoleum
in Georgensgmünd

Aus der Geschichte von Georgensgmünd im Landkreis Roth sind Juden nicht wegzudenken. Rund 400 Jahre, bis Ende 1938, trugen die Bürger mosaischen Glaubens maßgeblich zum wirtschaftlichen Aufschwung und zum Wohlergehen der Gemeinde bei. Heute erinnern nur noch stumme Zeugen an diese längst vergangenen Zeiten. Die 1734 errichtete Synagoge nebst Rabbinerhaus und der 1550 angelegte Friedhof mit seinem Tahara-Haus bilden ein bedeutendes Ensemble jüdischer Kultur auf dem Land.

Versteckt liegt ein selbst Einheimischen kaum bekanntes steinernes Relikt: das Mausoleum des jüdischen Sanitätsrats Dr. Heinrich Mehler. Das kleine, achteckige Bauwerk verbirgt sich hinter Büschen und Bäumen in einer Ecke des am Ortsrand zum Rezatgrund abfallenden Schul- und Sportgeländes. Kaum mehr als zehn Meter sind es von hier zum Spielfeld des TSV Georgensgmünd.

Heinrich Mehler (1859–1926), ein gebürtiger Rheinländer, hatte sich 1887 in Georgensgmünd als praktischer Arzt niedergelassen. Zugleich arbeitete er im neu eröffneten Gemeindekrankenhaus, einem kleinen Spital, das anfangs eher einer einfachen Krankenstation glich. Unter Mehlers Leitung konnte jedoch schon bald ein geregelter Klinikbetrieb aufgenommen werden.

Ende des 19. Jahrhunderts grassierte in Europa eine gefürchtete Infektionskrankheit: die Tuberkulose. Auch Franken blieb davon nicht verschont. Mehler nahm den Kampf gegen die – im Volksmund »Schwindsucht« genannte – Seuche auf und initiierte einen »Verein zur Bekämpfung der Tuberkulose«. Gleichzeitig eröffnete er im Gemeindekrankenhaus eine Beratungsstelle und betreute jährlich bis zu 280 Familien mit Tuberkulosekranken. Mit finanzieller Unterstützung des Berliner Zentralkomitees zur Bekämpfung der Tuberkulose gelang dem Verein 1912 der Bau einer Lungenklinik.

Der Name Heinrich Mehler war bald weit über die Region hinaus bekannt, und die bayerische Regierung verlieh ihm 1914 wegen seiner Verdienste um die Volksgesundheit den Titel »Sanitätsrat«. Die Gemeinde Georgensgmünd kürte den Mediziner zum Ehrenbürger. Als

»Non omnis moriar« steht über dem Eingang
des Georgensgmünder Mausoleums.

Dank für sein selbstloses Engagement übertrug ihm der Verein die lebenslange Leitung des Sanatoriums. Lange Zeit war die fränkische Lungenheilstätte die am wirtschaftlichsten geführte Klinik in Deutschland.

Seit 1917 plagte Dr. Heinrich Mehler ein Herzleiden. Am 15. April 1926 starb er im Alter von 67 Jahren. Da er sich nie als religiöser Jude gefühlt hatte und zudem mit einer Frau christlichen Glaubens verheiratet war, wollte er nicht auf dem jüdischen Friedhof bestattet werden. Daher hatte er verfügt, dass man ihm im Garten seiner Klinik ein Mausoleum errichten sollte. Unter großer Anteilnahme der Bevölkerung erfolgte die Trauerfeier dort nach jüdischem Ritus.

Über dem Eingang des Mausoleums war auf Wunsch Mehlers das Horaz-Zitat »Non omnis moriar« (Ich werde nicht gänzlich sterben) angebracht worden. Die Lungenheilstätte wurde bis 1957 weitergeführt. Dann errichtete die Gemeinde auf dem Gelände eine Schule. Sie trägt den Namen des Sanatorium-Gründers.

Jim G. Tobias

INFOS

Georgensgmünd liegt südlich von Roth. Das Mehler-Mausoleum befindet sich auf der ortsabgewandten Seite des Fußballplatzes des TSV Georgensgmünd auf dem Schul- und Sportgelände am Rand der Gemeinde. Etwa ab dem Jahr 1560 lebten Juden in Georgensgmünd, wo sie zeitweise sogar ein Drittel der Bevölkerung stellten. Vollständig erhalten ist in der Gemeinde ein typisches Ensemble einstigen jüdischen Lebens im ländlichen Raum. In der Synagoge von 1734 hat man Teile der originalen Malerei freigelegt, die dem bekannten polnischen Wandermaler Elieser Sussmann zugeschrieben werden. Der Friedhof steht Besuchern tagsüber zur Besichtigung offen. Zusammen mit dem renovierten Tahara-Haus (Leichenwaschhaus) von 1723 und der Synagoge mit ihren beiden Mikwen bildet er das Jüdische Museum Georgensgmünd (Am Anger 9). Terminabsprachen: Rathaus Georgensgmünd, Bahnhofstraße 4, Tel. 09172/703-73.

30 Erbe der Hugenotten
Die Franzosenkirche von Schwabach

Franzosenkirche wird im Volksmund die evangelisch-reformierte Kirche von Schwabach genannt. Für ein Gotteshaus aus der Barockzeit ist das im Grundriss nahezu quadratische Bauwerk am westlichen Rand der Altstadt auffallend schmucklos: Bildhafte Darstellungen, Heiligenfiguren oder andere religiöse Kunstwerke sucht man vergebens.

Die betonte Schlichtheit entspricht dem religiösen Verständnis der Gläubigen, für die die Kirche 1687 errichtet wurde – der Hugenotten. Nach nur 14 Monaten Bauzeit erhielten die Glaubensflüchtlinge aus Frankreich ihr eigenes Gotteshaus. Verwendet wurden beim Bau auch Sandsteinquader, die beim Abbruch von Burg Kammerstein angefallen waren.

Dem Geist der calvinistischen Wort-Lehre entspricht nicht nur die nüchterne Strenge, sondern auch die Ausrichtung des Versammlungsraums zur Kanzel hin. Diese wird von zwei Gobelins mit religiösen Texten eingerahmt – einmalige Schaustücke aus der Zeit um 1700. Mit Goldfäden auf schwarzem Samt gestickt, hängen links an der Wand das Glaubensbekenntnis und das Vaterunser, rechts die Zehn Gebote – alles in französischer Sprache. Es sind rare Zeugnisse der europäischen Religionsgeschichte.

Die Tapisserien stammen aus der Manufaktur von Michel de Claravaux. Er war einer der ersten Refugiés, die schließlich in großer Zahl aus Frankreich auswanderten. In ihrer Heimat waren die Hugenotten nach der Aufhebung des Edikts von Nantes 1685 wegen ihres Glaubens verfolgt worden.

Auch der Ansbacher Markgraf Johann Friedrich hatte sich bereit erklärt, Exulanten aufzunehmen. Allerdings geschah dies nicht nur aus christlicher Nächstenliebe, sondern auch aus handfesten ökonomischen Interessen. Das Markgrafentum hatte sich noch nicht ganz vom Dreißigjährigen Krieg erholt und war hoch verschuldet. Da kamen Gobelinhersteller, Nadler, Strumpfwirker, Gerber gerade recht. Die Flüchtlinge brachten nicht nur ihre Arbeitskraft, sondern auch neue Produktionsmethoden mit. Durch ihren Gewerbefleiß sorgten sie für wirtschaftliche Impulse.

Ursprünglich sollten die Hugenotten in einer eigenen, auf dem Reißbrett geplanten Vorstadt von Ansbach angesiedelt werden. Dies

Die Gobelins neben der Kanzel sind kostbare Relikte aus der Hugenottenzeit.

scheiterte aber nach dem frühen Tod des Markgrafen am Widerstand der Lutheraner. Auch in Schwabach gab es zunächst starke Vorbehalte: Die lutherischen Pfarrer warnten in einem Beschwerdebrief an die Regierung vor der »großen Seelengefahr« und davor, dass »Wölfe und Rotten unter die armen Schafe einreißen«.

Das »Bitten und Flehen um Christi willen« blieb unerhört. Die Neubürger bildeten in Schwabach eine eigene Kolonie, die mit Zollerlass, Abgabenfreiheit und anderen Privilegien ausgestattet war. Seine größte Ausdehnung erreichte das Hugenotten-Quartier 1716 mit fast 500 Menschen. Damals lebten im Städtchen insgesamt gut 3.000 Einwohner.

Neben der Kirche war auch eine eigene Schule entstanden, in der bis 1813 auf Französisch unterrichtet wurde. Das Ende der Predigten in französischer Sprache kam 1857 und bedeutete zugleich auch das Ende der hugenottischen Tradition. Die Nachfahren der Glaubensflüchtlinge waren in der Schwabacher Bevölkerung aufgegangen. Heute zählt die evangelisch-reformierte Gemeinde rund 400 Mitglieder. Ihr Einzugsgebiet erstreckt sich auf Schwabach und drei angrenzende Landkreise. Mit Guy Clicqué hatte die Gemeinde 2012 nach langer Vakanz wieder einen eigenen Seelsorger und Prediger erhalten – passend für die Franzosenkirche einen Pfarrer mit hugenottischen Vorfahren.

An ihre Anfänge erinnert nicht nur das Wappen des Ansbacher Schutzherrn über dem Kirchenportal. Es ist Carl Wilhelm Friedrich gewesen, der bei seinem Regierungsantritt 1729 die Sonderrolle der Schwabacher Franzosen dadurch hervorhob, dass er eine Fahne stiftete. Das Tuch wird wie die beiden Gobelins in der Kirche hinter Glas aufbewahrt. Es zeigt das markgräfliche Wappen, auf der Rückseite eine am Fürstenthron Schutz suchende Gestalt und folgende Inschrift in lateinischer Sprache: »So lange mich Gallien festhielt, gab es keine Freiheitshoffnungen und keine Fürsorge für Hab und Gut«.

Horst M. Auer

INFOS

Die Schwabacher Franzosenkirche, Boxlohe 14, befindet sich am westlichen Rand der Innenstadt. Die Uhr ihres Turms hat ein Vorleben: Der Zeitmesser wurde beim Abbruch der Stadttore im Jahr 1874 vom Zöllnertorturm übernommen. Die Kirche ist zu den Gottesdienstzeiten jeden zweiten und vierten Sonntag im Monat ab 9.30 Uhr und gelegentlich zu Konzerten geöffnet. Das Gemeindebüro ist unter Tel. 09122/ 5240 erreichbar. Als Hugenottenstadt schlechthin gilt Erlangen, wo im Mai 1686 die ersten französisch-reformierten Glaubensflüchtlinge eingetroffen waren. Der Markgraf von Ansbach-Bayreuth, Christian Ernst, hatte den Verfolgten freie Religionsausübung versprochen. Die Erlanger Hugenottenkirche steht gegenüber dem Bahnhof mitten in der Innenstadt. Weitere Informationen über beide Gemeinden unter www.reformiert-bayern.de im Internet. In Schwabach ist die jüdische Laubhütte (Fundort 31) eine kulturhistorische Rarität.

31 Als Moses erschien
Jüdische Laubhütte in Schwabach

Als Bauarbeiter bei der Sanierung des Altstadthauses in der Schwabacher Synagogengasse Nr. 10 eine marode Wandverkleidung entfernten, konnten sie nicht ahnen, dass sie damit eine kleine kulturhistorische Sensation auslösen würden: Hinter den ramponierten Bauplatten kamen spätbarocke Wandmalereien zum Vorschein. Die Fresken gehörten zur Ausschmückung einer jüdischen Laubhütte.

An eine Laubhütte hatte Restaurator Holger Wilcke, von der städtischen Wohnbaugesellschaft GewoBau, der Bauherrin, mit der Begutachtung betraut, zunächst überhaupt nicht gedacht. Stutzig machte ihn, dass eine derart dekorative Wandverzierung in einem kleinen Raum unterm Dach und nicht etwa in einer Wohnstube im Erdgeschoss angebracht worden war. Die nächste Überraschung folgte bei der Freilegung der Holzdecke: Sechs Felder der meisterlich gearbeiteten Konstruktion hatten Griffmulden, waren also herausnehmbar.

Nach dieser Entdeckung im Februar 2001 hat man auf dem Dachboden sogar noch Spuren von Nadelzweigen gefunden, mit denen die jüdischen Hausbewohner einst ihre Laubhütte abgedeckt hatten. Wilcke sicherte nach und nach die farbigen Wandmalereien: eine komplette Hasenjagdszene, diverse Ornamente und mehrere biblische Motive, beispielsweise Moses mit den Gesetzestafeln und Abraham, der im Beisein einer Engelsgestalt seinen Sohn opfern will.

Die Laubhütte, hebräisch Sukka, ist der Ort zur Feier des Laubhüttenfests, einer Art Erntedankfest im Herbst. Gleichzeitig erinnert die Sukka an die vierzigjährige Wanderung der Israeliten durch die Wüste, als das Nomadenvolk keine festen Behausungen hatte.

Jüdische Familien errichteten für das siebentägige Sukkot-Fest spezielle Hütten — wenn es in den dicht bebauten Städten nicht anders ging, dann eben in den Dachgeschossen ihrer Häuser. Wichtig war gemäß religiöser Vorschrift der freie Blick zum nächtlichen Himmel. Dank der variablen Zimmerdecke mussten nur noch einige Ziegel des Hausdachs entfernt werden, um dies zu gewährleisten.

Auf diese Weise funktionierte auch die in Schwabach wiederentdeckte Sukka. Die Laubhütte geht auf Moses Löw Koppel zurück, der das 1726 errichtete Haus im Jahr 1795 erworben und umgebaut hat. In

Die Wandmalereien gehören zur Ausschmückung der jüdischen Laubhütte.

ganz Bayern waren vor diesem Zufallsfund lediglich zwei vergleichbare, an ihrem ursprünglichen Ort erhaltene Kultstätten bekannt gewesen: im Dachgeschoss des Jüdischen Museums in Fürth und im Jüdischen Kulturmuseum in Veitshöchheim.

Für das Jüdische Museum Franken ist klar: Die historische Laubhütte mit eindrucksvoller Wandmalerei aus spätbarocker Zeit in dem ehemaligen jüdischen Wohnhaus ist ein Kleinod europäisch-jüdischen Kulturerbes. Der Symbolgehalt der Wandmalerei ist in Westeuropa einzigartig.

Deswegen hat sich die GewoBau nach der Entdeckung des seltenen Relikts jüdischer Kultur großzügigerweise bereit erklärt, auf den Ausbau einer Wohnung im Dachgeschoss zu verzichten. Schnell reiften Pläne, die Laubhütte der Öffentlichkeit zu präsentieren. Seit 2008 gehört das Haus Synagogengasse 10 neben Schnaittach als weitere Außenstelle zum Jüdischen Museum Franken, das seinen Hauptsitz in Fürth hat. Was die Besucher der jüdischen Kultstätte wohl kaum erfahren werden: Der kleine Raum, der sich so unversehens als Laubhütte entpuppte, sollte eigentlich die Küche der renovierten Wohnung werden.

In der Umgebung der Laubhütte befinden sich einige historische Gebäude mit jüdischer Vergangenheit, beispielsweise Synagoge, Rabbinerhaus, Lehrhaus und die Anwesen jüdischer Hoffaktoren und Familien. Die alte Synagoge wird seit ihrer Restaurierung als Seminar- und Veranstaltungsraum der Städtischen Volkshochschule genutzt.

Horst M. Auer

INFOS Im Haus Synagogengasse 10 mit der Laubhütte im Dachgeschoss erzählt eine neue Dauerausstellung die jüdische Vergangenheit Schwabachs. Informationen über Öffnungszeiten und zu Führungen durch das jüdische Schwabach beim Jüdischen Museum Franken in Fürth, Tel. 0911/977 986-25 oder beim Kulturamt der Goldschlägerstadt, Tel. 09122/860-305. In Fundort 30 wird die Schwabacher Franzosenkirche näher beschrieben.

32 Von der Pest befreit
Sebastians-Prozession in Abenberg

Es war wahrlich eine schlimme Zeit. Wieder einmal wütete im Abenberger Land wie in anderen Gebieten Frankens eine verheerende Seuche. Erneut waren Hunderte von Opfern zu beklagen. Allein von Ostern bis Pfingsten dieses denkwürdigen Jahres wurden 80 Menschen von der Epidemie hinweggerafft, wie im Kirchenbuch vermerkt ist. Gegen die Pest war einfach kein Kraut gewachsen.

Man schrieb das Jahr 1726. Abenberg, Pflegamtssitz der Eichstätter Fürstbischöfe, zählte damals rund 900 Einwohner. Der sogenannte schwarze Tod traf das Landstädtchen bis ins Mark. Mehr als 200 Frauen und Männer, Alte und Kinder lagen auf dem Krankenbett und rangen mit dem Tod. Die schrecklichste Bilanz war Ende Mai zu ziehen. Allein in diesem Monat musste der damalige Stadtpfarrer Johann Anton Reichenbacher in trauriger Pflichterfüllung 54 Namen in die Sterbematrikel eintragen.

In der allergrößten Not legten die Abenberger ein Gelübde ab: Sollten höhere Mächte der Epidemie Einhalt gebieten, dann werde alljährlich eine feierliche Prozession mit dem Allerheiligsten abgehalten, von der Pfarrkirche St. Jakobus zur Stillakirche im Kloster Marienburg. Als Fürsprecher erkor man den heiligen Sebastian, der in Franken neben St. Rochus seit dem Mittelalter als Schutzpatron gegen Seuchen angerufen wird. Ihm zu Ehren sollte das Gelübde immer am Sonntag nach dem Sebastianstag (20. Januar) erfüllt werden.

Die Gebete wurden erhört. Die leidgeprüften Abenberger konnten aufatmen. Seit dieser Zeit, also seit fast 300 Jahren, wird mit der Dankprozession eine Tradition aufrechterhalten, die weit und breit ohne Beispiel ist. Die Wallfahrt hinaus zum Kloster ist nicht nur Ausdruck tiefer Volksfrömmigkeit, sondern auch ein Ereignis, das fast das gesamte Landstädtchen in seinen Bann zieht: Nach altem Brauch marschieren neben kirchlichen Würdenträgern auch Stadträte und Vereine mit ihren Fahnenabordnungen im langen Zug der Gläubigen mit.

Im Laufe des Jahres 1726 hatte sich die Seuche also tatsächlich verflüchtigt. Vielleicht half das Prozessionsgelübde, vielleicht gab das Extra-Versprechen der Priorin des Klosters, Maria Franziska Klöck, den Ausschlag: Als die Epidemie auf das Kloster überzugreifen drohte, gelobte sie, »zur Bewahrung vor der Seuche« eine weiße, fünfpfündige Wachskerze zu

Über der Ehrentumba hängen ein
Stilla-Epitaph und eine Sebastiansfigur.

stiften. Und Klosterdiener Joseph Groß fügte noch ein Gelöbnis hinzu. Er versprach die Stiftung eines großen Votivbildes, auf dem der Pestpatron Sebastian und die Stadtpatronin Stilla dargestellt sein sollten.

Dieses Bild innigsten Dankes befindet sich noch heute in der Klosterkirche an der Wand über dem Stilla-Grabmal. Rechts daneben erinnert ein Epitaph an die Wohltäterin der Armen, auf der linken Seite wird die Ehrentumba von einer beinahe lebensgroßen Sebastiansfigur flankiert.

Nach der Überlieferung hat die Grafentochter Stilla 1130 eine kleine Kirche auf der Anhöhe gegenüber der Burg erbauen lassen. 350 Jahre später entstand dort das Kloster Marienburg. Da war Abenberg schon längst zum Wallfahrtsort geworden. In verschiedenen Aufzeichnungen ist von mehr als 200 Wundern am Grab der Stadtpatronin, die ihr Leben den Notleidenden widmete, die Rede. Erst 1927 wurde Stilla selig gesprochen. Ihre Gebeine ruhen in einem goldenen Reliquienschrein auf dem linken Seitenaltar von St. Peter.

Das Kloster ist heute Sitz der franziskanischen Ordensgemeinschaft der »Schwestern von der Schmerzhaften Mutter«. Die Burg, von der Stilla stammt, war bis etwa 1200 Stammsitz der mächtigen Grafen von Abenberg. Nachdem deren Geschlecht in der männlichen Linie ausgestorben war, ging das Erbe an die Nürnberger Burggrafen. Die Hohenzollern veräußerten die Burg, auf der einst Wolfram von Eschenbach zur Laute gesungen haben soll, im Jahr 1296 an das Hochstift Eichstätt.

In Abenberg wird das Andenken an die Stadtpatronin noch immer gepflegt. Das geht so weit, dass auffällig viele Abenbergerinnen den Vornamen Stilla tragen.

Horst M. Auer

INFOS

Die Abenberger Klosterkirche ist in der Regel tagsüber geöffnet. Die Sebastians-Prozession in der etwa zehn Kilometer westlich von Roth gelegenen Ortschaft findet alljährlich am Sonntag nach dem Sebastianstag (20. Januar) statt. Im Kloster sind Gäste und Besucher jederzeit willkommen. Über die ständigen Angebote, besonders für Kinder- und Jugendgruppen, die das Klosterleben kennenlernen möchten, informiert Schwester M. Vinzentina unter Tel: 09178/5090 (siehe auch im Internet: www.kloster-abenberg. de). Burg Abenberg, vom Dichter und Minnesänger Wolfram von Eschenbach (1160/80 - 1220) in seinem »Parzival« erwähnt, hat zwei Museen zu bieten: das Haus fränkischer Geschichte und das Klöppelmuseum (www.museen-abenberg.de).

33 Spielball der Mächte
Spalter Dankprozession und die »Nürnberger Reis«

Zielstrebigkeit und Hartnäckigkeit, gekonnte Diplomatie und eine geschickte Heiratspolitik – diese Faktoren waren es wohl, die den Aufstieg der Zollern von kaiserlichen Statthaltern auf der Nürnberger Burg zu Kurfürsten des Reichs begründeten. Doch ihr politischer und gesellschaftlicher Erfolg machte die fränkischen Nachbarn auch argwöhnisch. Mit unverhohlener Missgunst verfolgten sie den Ausbau des Zollerschen Territoriums und die Entstehung der beiden Fürstentümer Ansbach und Bayreuth-Kulmbach. Vor allem die Kluft zur wirtschaftlich mächtigen Reichsstadt Nürnberg vertiefte sich immer mehr. Keinen Frieden brachte es, dass die Zollern ihren Herrschafts- und Verwaltungssitz auf die Cadolzburg (und später nach Ansbach) verlegten. Auch der Verkauf der Burggrafenburg 1427 an die Reichsstadt, mit dem sich die Zollern aus Nürnberg zurückzogen, beendete die politischen Spannungen nicht. Zu viel Zündstoff hatte sich aufgehäuft, etwa in strittigen Rechtsfragen, und hier wiederum beim Jagd-, Zoll- und Geleitrecht.

Der Ansbacher Markgraf Albrecht Achilles war von einer tiefen Abneigung gegen das reiche Nürnberger Handelsbürgertum beseelt. Er strebte die Vorherrschaft in Franken an und trieb die Dauerfehde mit der Reichsstadt auf die Spitze. Im Ringen der Regionalmächte schreckte er auch vor gewaltsamen Mitteln nicht zurück. 1449/50, als er den Nürnbergern ihre Hoheitsrechte im weiten Umkreis der Stadt streitig machte, wurde er allerdings im Ersten Markgrafenkrieg zunächst in seine Schranken verwiesen.

Zum Spielball im Kräftemessen zwischen dem expansionshungrigen Landesfürsten und den selbstbewussten »Pfeffersäcken« war 1450 auch das Landstädtchen Spalt geworden, das zum Territorium des Eichstätter Hochstifts gehörte. Verbissen hatten sich die Konfliktparteien etliche Scharmützel geliefert und sich dabei gegenseitig die Dörfer und Wälder verwüstet, die Burgen und Schlösser abgenommen. Am 18. Juni rückten die Nürnberger dann mit 1.500 Kriegsknechten ins Hopfenland vor. In Georgensgmünd und in Wasserzell richteten sie allerhand Unheil an und erschlugen dort mehrere Bauern.

Einmal im Jahr predigt der Pfarrer auf der Außenkanzel der Friedhofskirche.

Tags darauf erschienen die reichsstädtischen Truppen vor Spalt und schlugen auf dem Gelände des heutigen Friedhofs ihre Wagenburg auf. Die Landsknechte bereiteten sich darauf vor, die Stadt zu stürmen. In dieser bedrohlichen Lage erschien völlig überraschend der als Draufgänger und listiger Heerführer bekannte Markgraf mit 400 Reitern und trieb die Belagerer in die Flucht. Bürgermeister Hans Gruber hatte die Ansbacher unbemerkt in den Mauerring geführt.

Die Nürnberger müssen angesichts des Feindes Hals über Kopf geflohen sein. Chroniken berichten, dass sie beim hastigen Abzug die Kessel auf den Feuerstellen umwarfen und Teile ihrer Ausrüstung zurückließen. Der Volksmund spottete noch lange über die Hasenfüße, »die in Spalt den Hirsebrei verschüttet haben«.

Zunächst überwog aber die Freude über den glimpflichen Ausgang der Belagerung. Die Bürgerinnen und Bürger strömten jubelnd hinaus zur verlassenen Wagenburg. Aus Dankbarkeit über die Rettung vor dem Feind gelobten sie eine alljährliche Prozession zu diesem Ort. Auch heute noch pflegen die Spalter an Johannis den jahrhundertealten Brauch. Ziel der Votivprozession ist der Platz, wo einst der Feind lagerte und nun die Friedhofskirche steht. Dort befindet sich eine der seltenen Außenkanzeln, die einmal im Jahr zum Podium für den Festprediger wird.

An das historisch verbürgte Ereignis knüpfen die Spalter seit 1950 mit ihrem Festspiel »Die Nürnberger Reis« (Reis bedeutet so viel wie Feldzug) an. Geschrieben hat das Stück, das alle fünf Jahre aufgeführt wird, der heimatverbundene Professor Friedrich Merkenschlager aus Anlass des 500. Jahrestags. Es handelt von der Notlage und der glücklichen Fügung. Das Spiel endet – wie könnte es anders sein – mit folgender Szene: Markgraf, Bürgermeister und Ratsherren genießen aus großen Humpen das Spalter Bier.

Horst M. Auer

INFOS

Das Heimatspiel »Die Nürnberger Reis« wird nach der Aufführung 2015 wie gehabt im fünfjährigem Turnus auf die Bühne gebracht. Die alljährliche Dankprozession am Johannistag im Juni führt von der Pfarrkirche St. Emmeram hinauf zur Friedhofskirche mit der Außenkanzel. Im Hans-Gruber-Sommerkeller ist in diesen Tagen Festbetrieb. Nähere Informationen bei der Stadt Spalt (www.spalt. de, Tel. 09175/79 65-0). Die vielen Baudenkmäler erschließen sich am besten bei einem Rundgang mithilfe der Broschüre »Der Spalter Geschichtsweg«, die bei der Tourist-Info aufliegt. Eine neue Attraktion ist das Hopfen- und Biermuseum im Kornhaus, ein prächtiger Fachwerkbau, der erst als fürstbischöfliche Zehntscheuer und bis 1984 als Hopfenlager und -signierhalle diente.

34 Aufruhr am Hesselberg
Spuren des Bauernkriegs von 1525 im südlichen Mittelfranken

Ausbeutung und Unterdrückung hatten landauf, landab ein unerträgliches Maß angenommen. Kein Wunder, dass die Landbevölkerung begann, sich gegen die harten Fron- und Geldlasten und die Willkür ihrer Grundherren zu wehren. Auch in den Dörfern am Fuß des Hesselbergs rumorte es. Schließlich kam es so, wie es kommen musste: Der Zorn der verarmten und geknechteten Bauern entlud sich in einem Aufstand gegen die Obrigkeit.

Der Bauernkrieg von 1524/25 wuchs sich in Süd- und Mitteldeutschland zu einer Massenbewegung aus. Auch im südlichen Mittelfranken richtete sich die gewaltsame Erhebung der Bauern gegen Landesherren, Adel und Kirchenmacht. Keimzelle der Rebellion am Hesselberg war die Schmalzmühle an der Wörnitz, auf halbem Weg zwischen Gerolfingen und Wassertrüdingen gelegen. Müller Thomas Schmalz ritt durch die Dörfer und wiegelte die Bauern gegen den Ansbacher Markgrafen und das Oettinger Fürstenhaus auf. Seine Parole: »Lasset uns gemeinsam ausziehen und kämpfen, um Ehr' und Gut wiederzugewinnen!«

Am 5. Mai 1525 war es so weit. Unter der Führung des Schmalzmüllers sammelte sich der mit Sensen, Mistgabeln und Dreschflegeln bewaffnete Hesselberg-Haufen, vereinigte sich mit den Aufständischen aus dem Hahnenkamm und rückte tags darauf gegen Wassertrüdingen vor. Dort nahmen die Bauern den markgräflichen Vogt des Städtchens gefangen und nötigten ihm einen Eid auf die »Zwölf Artikel der Bauernschaft«, das Manifest der revolutionären Umtriebe, ab. Das Städtchen selbst mit seinem Bürgermeister an der Spitze brachte den aufsässigen Landleuten wohlwollende Sympathie entgegen.

Dann zog die Horde, verstärkt durch den Ries-Haufen, weiter nach Auhausen, wo sich eines der reichen, verhassten Klöster befand. Im Kloster Auhausen wüteten die aufgebrachten Bauern wie die Berserker. In blindem Hass zerstörten sie den Chorraum der Kirche, beschädigten die Heiligenfiguren und warfen die Bücher in einen Brunnen. Die Spuren der Ausschreitungen sind noch nach fast 500 Jahren am Schnitzwerk des Chorgestühls sichtbar. Den Holz- oder Steinfiguren

In blindem Hass hat man den
Heiligenfiguren am Chorgestühl
die Nasen abgeschlagen.

hat man offensichtlich reihenweise die Nasen abgeschlagen. Dass von der einst rund zehn Meter hohen Christophorusstatue nur noch ein Torso übrig ist, kann allerdings nicht – wie mitunter erzählt wird – den Wirren jener Zeit angelastet werden: Die Statue war vielmehr in späteren Jahren auf Wunsch des damaligen Markgrafen quasi halbiert worden, als man eine Empore einbaute. Das Bruchstück kann heute noch in der Kirche besichtigt werden.

Nächstes Ziel der Aufständischen war das Kloster Heidenheim am Hahnenkamm. Unterwegs sammelten sich die Rebellen bei Ostheim. Ehe sie wussten, was geschah, tauchten Truppen des Markgrafen Casimir auf und griffen an. Die Bauern waren den Reitern und Landsknechten aus Ansbach zahlenmäßig zwar weit überlegen, doch gegen ihre Waffen und Kampfkraft hatten sie keine Chance. In einer blutigen Schlacht wurden die Aufrührer erbarmungslos niedergemacht und auseinander getrieben. Es soll fast 1.000 Tote gegeben haben. Der Schmalzmüller und andere Rädelsführer wurden in Ansbach in den Kerker geworfen und brutal gefoltert. Der Befreiungskampf hatte sein Ende gefunden.

Hinweise auf den Bauernkrieg von 1525 finden sich nicht nur in der Klosterkirche Auhausen: An der Kirchhofmauer von Ostheim erinnert eine unscheinbare Gedenktafel an den Aufruhr und das blutige Gemetzel auf den Hügeln in der Nähe der Ortschaft.

Horst M. Auer

INFOS

Auhausen liegt etwa vier Kilometer südlich von Wassertrüdingen (Landkreis Ansbach). Die dortige Klosterkirche ist normalerweise täglich geöffnet. Führungen für Gruppen nach telefonischer Anmeldung im Pfarrhaus (Telefon: 0 98 32/76 30). Ostheim befindet sich einige Kilometer östlich von Auhausen an der Bundesstraße 466. Informationen zum Bauernaufstand am Hesselberg unter www.kloster-auhausen.de im Internet. In der Hesselberg-Region sind Ausflüge nach Wassertrüdingen mit dem Fluvius-Museum, in die Römerwelt zum Limeseum nach Ruffenhofen oder zu Schloss Dennenlohe (siehe Fundort 35) empfehlenswert.

35 Magische Holzköpfe
Die Türkenköpfe von Schloss Dennenlohe

Starr sind die Blicke, verzerrt die Gesichtszüge: Furchterregend sehen sie aus, die beiden bunt bemalten Holzköpfe. Angsteinflößend der eine mit dem Turban und dem aufgerissenen Mund, nicht weniger abschreckend der andere mit den gefletschten Zähnen und der orientalischen Kopfbedeckung.

Schrecken verbreiten sollten sie einst tatsächlich, die wohl über 300 Jahre alten »Türkenköpfe« von Schloss Dennenlohe, denen ein apotropäischer, d. h. Unheil abwehrender Zauber nachgesagt wird. Wenn man Volkskundlern glauben darf, stammen die Holzskulpturen aus den Türkenkriegen. 1529 hatten die Osmanen erstmals Wien belagert. Erst im Großen Türkenkrieg (1683–99) gelang es den abendländischen Truppen, die Eindringlinge aus Europa zurückzudrängen.

Die grell bemalten Kuriositäten, so heißt es, hätten Einheimische in den umkämpften Gebieten zum Schutz vor dem Ansturm der Muslime aufgestellt. Durchaus glaubhaft sind geschichtliche Quellen, wonach man sich von den »Türkenköpfen« magische Abwehrkräfte erhoffte: In den Fenstern der Häuser wie Trophäen platziert, sollten sie eine drohende Wirkung erzielen. Womöglich sind die Kunstwerke ein Mitbringsel des Pappenheimer Grafen Christian Ernst, der es wohl schick fand, von einem Feldzug gegen Ende des 17. Jahrhunderts ein derartiges Souvenir mitzubringen.

Das Grafengeschlecht der Pappenheimer war eng mit der Politik des Reiches verknüpft. Bereits seit der ersten Hälfte des 12. Jahrhunderts übte es das königliche Marschallamt aus, 1628 erfolgte die Erhebung in den Grafenstand. Als Reichsmarschälle waren die Pappenheimer direkt dem Kaiser unterstellt und unterstützten in Kriegen die Oberkommandierenden.

Wie aber kamen die »Türkenköpfe« von Pappenheim nach Dennenlohe? Die Verbindung von der Altmühl zur Hesselberg-Region ist schnell hergestellt: Die Mutter des heutigen Schlossherrn, Baron Robert von Süsskind, ist die Schwester der Pappenheimer Gräfin. Die Pappenheimer waren selbst einmal im Besitz des Dennenloher Adelssitzes gewesen, nämlich von 1801 bis 1824.

Baron Robert von Süsskind mit den Türkenköpfen vor Schloss Dennenlohe.

Das herrschaftliche Anwesen im frühen Rokokostil hatte der Kaiserliche Rat und Ansbacher Hofmarschall, Paul Martin Eichler Freiherr von Auritz, ab 1734 errichten lassen. Architekt war der markgräfliche Hofbaumeister Leopoldo Retti (1704–1751) aus Oberitalien. Zu seinem baulichen Erbe im Fürstentum Ansbach zählen die Hofkirchen im benachbarten Unterschwaningen und in Weidenbach, die Synagoge in Ansbach und das Reithaus in Triesdorf. Er hat seit 1731 den Bau der Ansbacher Residenz fortgeführt und mit einem Künstlerstab für die Ausgestaltung der Prunkräume gesorgt.

Dennenlohe war Rettis erster privater Auftrag. An der Stelle eines mittelalterlichen Wasserschlosses entstand ein Herrschaftssitz, der dem gesellschaftlichen Rang eines hohen Vertreters des markgräflichen Hofstaats entsprach. Der Hauptbau mit seiner Schaufassade, eingerahmt von Wirtschaftsgebäuden und den zwei Jägerhäuschen, die Schlosskirche und ein Gutshof, dazu der weitläufige, prachtvolle Park – all das bildet ein Ensemble, das vermutlich in ganz Bayern seinesgleichen sucht.

Seit 1828 befindet sich die repräsentative Anlage in achter Generation im Besitz der freiherrlichen Familie von Süsskind. Vor dem Millennium war sie in achtjähriger Arbeit umfassend renoviert worden. Dass Schloss Dennenlohe vorzeigbar ist, haben auch Filmemacher erkannt: Für Fernsehserien wie »Schloss Hohenstein« und »Frankenberg« diente es als stimmungsvolle Kulisse.

Horst M. Auer

INFOS

Schloss Dennenlohe, etwa sieben Kilometer nördlich von Wassertrüdingen im Landkreis Ansbach gelegen, hat das Jahr über einiges zu bieten, beispielsweise Konzerte und Theater. Der angrenzende Schlosspark ist mit seinen 16 Hektar der größte private Rhododendron- und Landschaftspark Süddeutschlands. Die Besucher dürfen sich über ein Patchwork von urwüchsigen und kultivierten Elementen freuen: Inseln und Brücken, Bachläufe und Weiher, Goldregenweg und Rosenberg, fränkisches Wiesenbiotop und Moor mit Quellteich. Geöffnet ist der Park von April bis Anfang November täglich von 10 bis 17 Uhr, über Führungen informiert die Schlossverwaltung unter Tel. 09836/9 68 88 oder im Internet unter www.dennenlohe.de. Nicht weit entfernt ist Auhausen (Fundort 34), aber auch Wassertrüdingen mit dem Fluvius-Museum und Ruffenhofen mit dem römischen Limeseum lohnen einen Abstecher.

36 Landsitz für die Mätresse
Die »Villa Sandrina« in Triesdorf

Christian Friedrich Carl Alexander (1736–1806), der letzte Markgraf von Ansbach-Bayreuth, war den Frauen verfallen. Ja, man muss es so klar sagen: Bei schönen und gebildeten Damen von Welt ist der Fürst regelmäßig schwach geworden. Und während seine kränkelnde Angetraute, Friederike Caroline, in Unterschwaningen ihre Tage mit Stickereien zubrachte, buhlte der rührige Herr Gemahl um seine Favoritinnen.

Um sie zu bezirzen, griff der sonst als sparsam bekannte Regent schon mal tief in die Tasche und überraschte die Angebetete mit nichts Geringerem als einem eigens für sie errichteten Häuschen. Na ja, eher Villa: Die »Villa Sandrina« in Triesdorf (Kreis Ansbach) etwa ist ein sichtbares Relikt von Alexanders Verehrung – böse Zungen sprechen gar von Abhängigkeit – des weiblichen Geschlechts.

Das lang gestreckte Anwesen, benannt nach Alexander (Alessandrina), liegt versteckt inmitten der heutigen Landwirtschaftlichen Lehranstalten und ehemaligen markgräflichen Sommerresidenz. Viele Jahre fristete der italienische Bau ein Schattendasein, nur an wenigen Tagen rückt das über 200 Jahre alte Landhaus in den Blickpunkt. Beispielsweise dann, wenn die Besucher am Triesdorfer Tag der offenen Tür in Massen über das Agrarzentrum hereinbrechen.

Die 1785 erbaute Villa war ein Geschenk Alexanders an Elizabeth Craven. Lady Craven? Eine gebildete, weltgewandte, künstlerisch ambitionierte Britin und Nachfolgerin von Madame de Kurz. Madame de Kurz? Eine Schauspielerin, die – nomen est omen – nur kurz in Alexanders Gunst stand, und ihrerseits Madame Clairon verdrängte. Madame Clairon? Eine gefeierte französische ..., ja wieder eine Schauspielerin. Eine Frau, die Paris freiwillig den Rücken kehrte, um an den Ansbacher Hof zu ziehen. 17 Jahre lang lebte sie dort – bis der Markgraf genug von ihr hatte. Was blieb? Das nach ihr benannte Brötchen, der »Clairons-Weck«, auf Ansbacherisch »Klärungs-Weckla«.

An Lady Craven erinnert heute also mehr als ein Brötchen. Nur dumm, dass die Dame den Garten-Palais gar nicht wollte. Möglicherweise deshalb, weil der arg anspruchsvollen Engländerin die Villa einfach zu schlicht war. Stattdessen begann sie 1787 mit der Um-

In der »Villa Sandrina« hat Lady Craven nie gewohnt.

wandlung eines Teils des Triesdorfer Tiergartens in einen englischen Landschaftspark und ließ sich dort von Markgraf Alexander ein eigenes Schloss errichten, die Rotunde.

Für die damaligen Verhältnisse war die Villa Sandrina tatsächlich bescheiden zu nennen, eher ein Häuschen von der Stange und architektonisch wenig bedeutend – nicht einmal der Name des Architekten ist bekannt. Die wählerische Geliebte des Markgrafen machte mit dem Landsitz, in dem sie keinen einzigen Tag gewohnt hat, dann auch kurzen Prozess: Sie schenkte ihn ihrer Gesellschafterin, die das Sommerhaus in ein Gästehaus umwandelte.

Heutzutage hat man für die Villa mehr Bewunderung übrig, zumal es das einzige Gebäude des markgräflichen Ensembles ist, das im Original erhalten ist. Und es wird liebevoll gepflegt. Bei der letzten Renovierung steckte der Bezirk Mittelfranken, Träger der Landwirtschaftlichen Lehranstalten und Besitzer der ehemaligen Sommerresidenz, eine stattliche Summe in das Häuschen, das die Craven einst verschmäht hatte.

Innen ist, vom Holzfußboden abgesehen, nichts mehr wie es war, auch die Möbel sind nicht original. Den weiten, früher noch unverbauten Blick, der einst vom Mittelbau aus zu genießen war, kann man sich allerdings noch ganz gut vorstellen. Dass der Mittelbau früher von einer mit einer Balustrade umgebenen Dachterrasse gekrönt war, lässt sich, leider, nur noch erahnen.

Ja, Dachterrasse, denn das jetzt den mittleren Gebäudeteil zierende Satteldach mit fränkischem Fachwerk ist eine Erfindung neueren Datums. Man hat es zu Zeiten aufgesetzt, als der Bau schon recht verrottet war. Auch im Zuge der Generalsanierung blieb der Fremdkörper auf Geheiß der Denkmalschützer – und muss sich seitdem manchen Spotts erwehren.

Sabine Stoll

INFOS

Triesdorf, ein Ortsteil von Weidenbach, liegt unweit der Bundesstraße 13 südlich von Ansbach. Bekannt ist der kleinste Hochschul-Standort Deutschlands als Agrarzentrum. Neben den landwirtschaftlichen Lehranstalten und der Fachhochschule gibt es dort auch eine Fachoberschule, eine Fachakademie, eine Technikerschule und die Lehr- und Versuchsanstalt für Milchwirtschaft. Die Villa Sandrina wird heute für kulturelle Veranstaltungen wie Lesungen und Ausstellungen genutzt, sie steht aber auch für Tagungen, feierliche Zeugnisverleihungen und standesamtliche Trauungen offen. Im langgestreckten Ostflügel der Anlage hat der Verein der Freunde Triesdorf (Internet: www.freundetriesdorf.de) mit Büro, Archiv und Besprechungsraum seine Geschäftsstelle. Der Verein bietet Führungen durch die historischen Gebäude und die Landschaftsparks an. Termine und Kosten können telefonisch unter 09826 / 18 - 140 oder 09826 / 1659 erfragt werden. Sehenswert in der markgräflichen Kirche von Weidenbach sind der Fürstenstand und der Kanzelaltar.

37 Quelle in der Gruft
Hochgrab der Kurfürstin Anna im Münster Heilsbronn

In der Pizzeria am Heilsbronner Marktplatz erinnert die zweigeteilte Halle mit ihren spitzbogigen Kreuzgewölben an eine Zeit, deren Bedeutung für Deutschland und ganz Europa selbst den Einheimischen kaum bekannt ist: Wo heute italienische Holzofen-Fladen den Gaumen erfreuen, wurden vor 500 Jahren die Rösser von Kaisern und Königen mit Hafer versorgt.

Wer durch das Städtchen spaziert, stößt allenthalben auf seine klösterliche Vergangenheit. Neben dem Marstall steht das Klosteramtsverwalterhaus, seit 1791 in privater Hand. Es wird wegen seiner Schönheit auch »Heilsbronner Braut« genannt. Die älteste Gaststätte »Zum Adler« war vor 800 Jahren eine Herberge für Pilger und Wallfahrer.

Das heutige »Gasthaus zum Löwen« am Marktplatz diente den Mönchen einst als Schlachthaus. Nördlich der Klosterkirche haben sich mit Refektorium und Dormitorium noch der Speisesaal und das Schlafhaus der Zisterzienser erhalten. Und in der einstigen Abtsresidenz (Baubeginn 1430) befindet sich heute das Religionspädagogische Zentrum der evangelischen Landeskirche.

Fast alle deutschen Kaiser und Könige besuchten während ihrer Herrschaft den »Bronnen des Heils«. Für ihre Pferde ließ Abt Sebaldus Bamberger 1505 eigens den klösterlichen Marstall errichten. Besonders angetan von der Gastfreundschaft der Mönche war Karl IV., der in den Jahren von 1349 bis 1357 gleich fünf Mal in Heilsbronn weilte. Als eine Art Gegenleistung ließen sich die Äbte stets aufs Neue ihre Privilegien bestätigen.

Doch nicht nur Kaiser und Könige erfuhren die Gastfreundschaft des 1132 vom Bamberger Bischof gestifteten Klosters. Auch die Bettler wurden bewirtet. Besonderer Spendentag war der Donnerstag. In schlechten Erntejahren klopften oft täglich 100 und mehr Bettler an die Klosterpforte.

Das Motto »Leben und leben lassen« durchzieht das gesamte Klosterleben. Solch christliche Tugend blieb nicht unbelohnt. Der Adel stiftete dem Kloster unentwegt Land und Güter. Zeitweise besaßen die Mönche Besitzungen in fast 300 Orten. Wanderte früher ein Mönch

Das Münster in Heilsbronn beherbergt die größte Grablege der Hohenzollern in Süddeutschland.

von Randersacker nach Nördlingen, dann nächtigte er unterwegs stets auf Heilsbronner Boden, hieß es.

Von historischer Bedeutung ist das Münster. Als Klosterkirche um 1150 geweiht, erfuhr die Abteikirche im Laufe der Jahrhunderte immer wieder bauliche Veränderungen. Eindrucksvoll ist die größte Grablege der Hohenzollern Süddeutschlands. Die zum Teil prachtvollen Hochgräber der Burg- und Markgrafen sind – neben den neun Altären – für Besucher eine besondere Attraktion. Das große Renaissancegrab des Markgrafen Georg Friedrich von Brandenburg-Ansbach und -Bayreuth umstehen Nürnberger Burgfräulein und Burgherren. Und mancher Zeitgenosse meint bei einer der Figuren die markanten Gesichtszüge des »Alten Fritz« erkennen zu können.

Unter dem Hochgrab der Kurfürstin Anna von Brandenburg (1436–1512) sprudelt eine der Schwabachquellen. Verfechterinnen eines religiösen Frauenkults interpretieren die Quellennähe und die Tatsache, dass von den 18 Heiligen am Sockelfries fünf Frauen sind, als Ort eines Kraftborn weiblicher Spiritualität.

Man kann eine schmale Steintreppe hinabsteigen zur Quelle, die 1873 gefasst wurde. Für Paul Geißendörfer, 18 Jahre evangelischer Pfarrer am Münster, ist der Grabplatz an der Treppe zur Quelle aber »reiner Zufall«. Zisterzienser bauten häufig in sumpfigem Gelände. So auch in Heilsbronn.

Wie überhaupt das Münster, das 1533 die neue evangelische Kirchenordnung übernahm, noch manches Rätsel aufgibt. Als vor etlichen Jahren die Lautsprecheranlage eingebaut wurde, gehörte dazu auch ein hochempfindliches Funkmikrofon, das man am Revers oder Talar befestigen kann. Doch konnte es nie verwendet werden. Einem tiefen Störton kamen die Frequenz-Fachleute trotz aufwendiger Ermittlungen nicht auf die Spur. Das Münster bewahrt bis heute dieses Geheimnis.

Günter Dehn

INFOS

In Heilsbronn sind über 25 Hohernzollern bestattet, einige in prachtvollen Hochgräbern mitten im Münster. Dort fanden auch Friedrich I. (1440), Friedrich II. (1471) und Albrecht Achilles (1486) ihre letzte Ruhestätte – drei brandenburgische Kurfürsten aus dem Hause Hohenzollern, die Anfang des 15. Jahrhunderts als Burggrafen von Nürnberg zu den ersten Kurfürsten von Brandenburg ernannt worden waren. In der Folgezeit wurden bis 1625 die Ansbacher Markgrafen in Heilsbronn beigesetzt. Das Münster Heilsbronn ist im Januar und im Februar geschlossen. Während der Wintermonate November und Dezember sowie im März ist es jeweils von 10:00 bis 16:00 Uhr geöffnet (dienstags geschlossen). Von April bis Oktober kann das Münster täglich von 10:00 bis 17:30 Uhr besichtigt werden. Weitere Auskünfte montags bis freitags von 9:00 bis 12:00 Uhr im Pfarramtsbüro (Tel. 09872/1297). Ein Stadtrundgang (siehe im Internet unter www.heilsbronn.de) führt zu den wichtigsten Sehenswürdigkeiten rund um Marktplatz und Münsterplatz. Wissenswertes auch unter www.kempf-heilsbronn.de

38 Warum die Fuchsie Fuchsie heißt
Leonhart Fuchs, markgräflicher Leibarzt in Ansbach

Der Besucher des Ansbacher Hofgartens muss schon ein wenig suchen, um diesen »Fundort Geschichte« aufzuspüren: die Gedenktafel für den Arzt und Botaniker Leonhart Fuchs. Man findet sie eingelassen in eine Mauer südlich des Rosengartens, eingerahmt von Efeu und – von Fuchsien.

Wer nichts anzufangen wusste mit dem Namen Leonhart Fuchs, dem dämmert es nun vielleicht: Nach diesem Mann wurde die Fuchsie benannt, die wir aus unseren Gärten und Balkonkästen bestens kennen.

Was der Herr Professor Dr. Fuchs mit Ansbach und dem Hofgarten zu tun hat? Nun, der Reihe nach. Geboren wurde er 1501 – also vor mehr als 500 Jahren – in Wemding, im Nördlinger Ries, als Sohn einer Ratsfamilie. Bereits im Alter von zehn Jahren verließ er seinen Geburtsort, um zunächst in Heilbronn zur Schule zu gehen und dann in Erfurt zu studieren. Schon mit 17 kehrte Fuchs in seinen Heimatort zurück und eröffnete dort eine Lateinschule. Offenbar mit wenig Erfolg, denn bereits ein Jahr später nahm er an der Universität in Ingolstadt ein neues Studium auf. Mit 23 promovierte er zum »Dr. med.«, mit 25 wurde er Professor, mit 27 Leibarzt des Ansbacher Markgrafen Georg, genannt der Fromme. Während seiner Ansbacher Zeit (1528–1535) erwarb sich der Mediziner – wie die Chroniken berichten – vor allem große Verdienste bei der Bekämpfung des damals heftig grassierenden »Englischen Fiebers«, einer meist tödlichen Infektionskrankheit.

Sein hervorragender fachlicher Ruf drang auch bis nach Tübingen. An der dortigen Universität nahm Leonhart Fuchs ab August 1535 eine Lehrtätigkeit als Professor der Medizin auf. Berühmtheit erlangte der Wemdinger allerdings weniger wegen seines ärztlichen Könnens und Wissens, sondern wegen seiner botanischen und pharmazeutischen Kompetenz. Mehr als 50 Bücher und Streitschriften verfasste der »Vater der Botanik«, wie er auch genannt wird. Bekannt sind bis heute seine Kräuterbücher. Das erste davon erschien 1542 in lateinischer Sprache. 1543 kam die deutsche Überarbeitung des Werkes heraus unter dem Titel »New Kreuterbuch«. Weitere Ausgaben folgten.

Leonhard Fuchs Arzt und Botaniker
wirkte in Ansbach von 1528 bis 1535.

Fuchsien blühen an der Ansbacher Gedenktafel
für den »Vater der Botanik«.

Diese Bücher enthalten genaue Beschreibungen der Pflanzen, ihres Aussehens und ihrer Heilwirkung. Ganzseitige Bilddarstellungen, an denen Holbein mitgearbeitet haben soll, ergänzen den Text.

Als Anerkennung für diese Pionierarbeit benannte der französische Missionar und Botaniker Charles Plumier eine Pflanze, die er in Mittelamerika entdeckte, Fuchs zu Ehren lateinisch »Fuchsia«. Das war im Jahr 1696, 130 Jahre nach dem Tod von Leonhart Fuchs. Der ehemalige Ansbacher Hofmediziner hat die Pflanze, die seinen Namen trägt, also nie gesehen. Der Siegeszug der Fuchsie begann mit ihrer Nachzucht in England und Deutschland ab 1800.

Um »dauerhaft an ihn zu erinnern«, bepflanzt die Schlossverwaltung Beete im Rosengarten des Ansbacher Hofgartens mit Medizinalpflanzen aus dem Kräuterbuch des ehemaligen markgräflichen Leibarztes Leonhart Fuchs.

Ulrich Rach

INFOS

Im Ansbacher Hofgarten erinnert eine Gedenktafel an den »Vater der Botanik«, den Arzt Leonhart Fuchs. Die Tafel ist in eine Mauer südlich des Rosengartens eingelassen. Zugang entweder über die Bischof-Meiser-Straße oder über die Bahnhofstraße. Im Ansbacher Hofgarten ist es einem Gärtner im Jahr 1627 erstmals geglückt, eine Agave nördlich der Alpen zum Blühen zu bringen. Im 18 Hektar großen Park hat die Kultur von südländischen Kübelpflanzen Tradition: In den Sommermonaten schmücken über 150 Zitronen-, Pomeranzen-, Oliven-, Pistazien- und Erdbeerbäume den Platz vor der Orangerie. Der Eintritt ist frei, Führungen auf Anfrage. Gut versteckt liegt der Schauplatz eines Verbrechens im Hofgarten: Kaspar Hauser war dort 1833 durch einen Dolchstich tödlich verletzt worden. An das mutmaßliche Attentat erinnert ein Gedenkstein mit der (lateinischen) Inschrift: »Hier wurde ein Geheimnisvoller auf geheimnisvolle Weise getötet«. Seit 1998 veranstaltet die Stadt Ansbach alle zwei Jahre jeweils im Sommer die Kaspar-Hauser-Festspiele. Eine Ausstellung im Markgrafenmuseum zeichnet den Lebensweg des berühmten Findelkinds nach. Sehenswert ist in der Rezatstadt auch die Residenz, die von April bis September von 9 bis 18 Uhr und von Oktober bis März von 10 bis 16 Uhr (montags geschlossen) zu besichtigen ist. Es werden stündlich Führungen angeboten. Weitere Informationen bei der Schloss- und Gartenverwaltung Ansbach, Promenade 27, Tel. 09 81/95 38 39-0 oder im Internet unter www.ansbach.de

39 Arrest im Dicken Turm
Der Karzer des Ansbacher Gymnasiums Carolinum

Die Prügelstrafe ist an bayerischen Schulen schon lange abgeschafft. Und die den Lehrern heute verbliebenen Sanktionsmöglichkeiten wirken eher lächerlich, vergleicht man sie mit den Strafen für ungehorsame Schüler in früheren Jahrhunderten.

Im Februar 1795 musste der »Erzbösewicht Hohbach Tertius« vier Stunden im dunklen, feuchten und von Ratten bevölkerten Karzer des Gymnasiums sitzen, nur weil er »im Cabinet Toback« geraucht hatte. Doch damit nicht genug, der Jüngling hatte sich auch noch erdreistet, in der Tanzstunde Stiefel zu tragen, wofür er drei Kreuzer Strafe zahlen musste.

Die Zeiten haben sich längst geändert, doch der Karzer im »Dicken Turm« des Gymnasiums Carolinum in Ansbach zeugt mit seinen gut zwei Dutzend Zellen noch heute von diesen harten Strafen, unter denen Schüler in den zurückliegenden Jahrhunderten leiden mussten.

Das Ansbacher Gymnasium Carolinum ist nach dem Augsburger Anna-Gymnasium das zweitälteste protestantische Gymnasium in Bayern. 1528, in dem Jahr, als das gesamte Fürstentum Ansbach unter Markgraf dem Frommen protestantisch wurde, hat man auch eine Lateinschule gegründet. Unterrichtsort für die Schüler war in den Anfangsjahren die ehemalige Friedhofskapelle nördlich der Johanniskirche. In dieser zunächst als Provisorium gedachten Unterkunft lief der Schulbetrieb dann über 200 Jahre lang. Schließlich folgte 1737 der Umzug in das neue Gebäude an der südwestlichen Ecke der Stadtbefestigung.

Ein Jahr zuvor war nämlich die Fürstenschule in Heilsbronn aufgelöst worden. Die Hälfte der Schüler kam nach Ansbach, sodass sich die Räumlichkeiten in der Schaitbergerstraße endgültig als zu klein und ungeeignet erwiesen. In dem Neubau auf der sogenannten »Schütt«, also auf dem ausgefüllten Stadtgraben, ist die Lehranstalt noch heute beheimatet.

Dieses Gebäude hat kein Geringerer als der markgräfliche Hofbaumeister Karl Friedrich von Zocha im Jahre 1735 geplant und bis 1737 auch ausgeführt. Es ist eine Vierflügelanlage mit zwei Innenhöfen,

Eng und richtig ungemütlich ist der Karzer
des Ansbacher Gymnasiums Carolinum.

die an der südöstlichen Ecke den Dicken Turm einbindet. Das Ganze steht auf dem verfüllten ehemaligen Stadtgraben und hat an der Ostseite noch Reste der alten Stadtmauer vorzuweisen.

Der Dicke Turm wurde mit seinen beiden Kellergeschossen als Karzer für renitente Schüler benutzt. Zu diesem Zwecke hat man Gefängniszellen eingebaut, in denen die Jugendlichen Stunden oder auch Tage eingesperrt waren.

An den Dicken Turm schloss sich die in der zweiten Hälfte des 19. Jahrhunderts abgebrochene Fronveste, das Gefängnis der Residenzstadt, an. Der Dicke Turm ist wesentlich älter als das Schulgebäude. Wahrscheinlich ist er vor 1528 von dem Nürnberger Baumeister Martin Behaim dem Älteren als letztes Teilstück der Ansbacher Stadtbefestigung erbaut worden. Der Turm war ursprünglich zweigeschossig und ist aus großen Sandsteinquadern errichtet worden.

Noch heute erschaudern die jungen Schüler des Gymnasiums, wenn sie mit ihren Lehrern den dunklen und stickigen Karzerzellen einen Besuch abstatten. Manch einem wird dann bewusst, wie schmerzlich die Schulstrafen in früheren Zeiten waren. Eine Besichtigung der Karzerzellen ist nicht möglich. Es sei denn, man tritt etwa dem Schulleiter beim Tanzen mit Stiefeln auf die Füße ...

Alexander Biernoth

INFOS

Der Karzer des Ansbacher Gymnasiums Carolinum, Reuterstraße 9, ist kein Schauobjekt für die Öffentlichkeit. Besichtigung in Ausnahmefällen auf Anfrage im Sekretariat des Gymnasiums (Telefon: 09 81/95 31 60). Wer Ansbach besucht, kann sich auch auf die Spuren von Kaspar Hauser begeben, die markgräfliche Residenz besichtigen oder im Hofgarten lustwandel (siehe Fundort 38). Nur ein Spaziergang ist es zur Gumbertus-Quelle (Fundort 40).

40 Wo Gumbertus taufte
Die Gumbertus-Quelle in der Nähe von Ansbach

Im Wald zwischen dem Ansbacher Stadtteil Neudorf und der Ortschaft Hinterholz, die seit der Gebietsreform zur Stadt Leutershausen gehört, stößt man unvermittelt im Halbschatten der Bäume auf ein kleines Häuschen, das wie eine Kapelle aussieht: Es ist der sogenannte Gumbertus-Brunnen, eine gefasste Quelle des Onoldsbaches.

Das heutige Bauwerk stammt aus dem letzten Drittel des 19. Jahrhunderts. Doch schon im Mittelalter, so ist es im Volksmund überliefert, kannte man den Platz. Der heilige Gumbertus soll sich oft bei der Quelle aufgehalten und das frische Wasser als Taufwasser verwendet haben.

Die Anfänge der Besiedlung Ansbachs liegen im Dunkeln. Alte Sagen berichten von einem Franken namens Onold, der sich zu Beginn des 8. Jahrhunderts am Zusammenfluss von Rezat und des später nach ihm benannten Onoldsbaches niedergelassen hat. Schon bald wurden dort zwei weitere Siedler mit ihren Familien sesshaft, sodass diese drei »Ur-Höfe« den Kern Ansbachs bildeten. Es waren dies der Knollen-, der Raben- und der Voggenhof.

Um die Mitte des 8. Jahrhunderts hat der später als Heilige verehrte Gundbert oder Gumbertus ein Benediktinerkloster gegründet, wofür ihm 748 Papst Zacharias in einem Brief gedankt hat. Dieses Schreiben ist zugleich die erste urkundliche Erwähnung Ansbachs, das bis ins 17. Jahrhundert nach dem legendenhaften Siedler »Onoldsbach« (auch »Onolzbach«) hieß. Im Laufe der Jahrhunderte hat sich der Name über »Onsbach« zu »Ansbach« verschliffen.

Der heilige Gumbertus hat mit seinen Mönchen nicht nur die Gegend um die heutige Bezirkshauptstadt urbar gemacht, sondern auch christianisiert. Er war ein Soldat gewesen, der aufgrund seiner Tapferkeit zu Grundbesitz gelangt ist. Vielleicht wegen eines persönlichen Schicksalsschlages hat er ein Kloster gegründet und dieses auch als Abt im Bischofsrang geleitet. Kurz vor seinem Tod hat Gumbertus sein Kloster Karl dem Großen übergeben und dieser hat dann die Würzburger Bischöfe damit belehnt.

Von der Tauftätigkeit Gumbertus' zeugen noch einige sogenannte Gumbertus-Brunnen in der Gegend um Ansbach. Einer steht in Göt-

SANKT
GUMBERTUS
BRUNNEN

Der Gumbertus-Brunnen sieht einer
kleinen Feldkapelle nicht unähnlich.

teldorf, einer an der Ortsverbindungsstraße zwischen Arberg und Georgenhaag. Und bei Strüth gibt es neben einem Gumbertus-Brunnen auch einen Gumbertus-Bach, der zur Rezat fließt. Der am schönsten gestaltete Gumbertus-Brunnen steht aber im Gemeindewald bei Hinterholz.

Dort, am Ursprung des Onoldsbaches, der Ansbach seinen Namen gab und ebenfalls in die Rezat mündet, soll sich der Heilige besonders gern aufgehalten haben. Das ließ die Quelle später zu einem Ort werden, an dem die Bevölkerung des Heiligen gedachte und Wasser in irdenen Gefäßen mit nach Hause nahm. Ein Wasser, dem heilbringende Wirkung zugesprochen wurde. In den Gumbertus-Legenden ist auch überliefert, dass der Heilige zusammen mit seinen Mönchen oft an der Quelle meditiert und sich vom Reiz der unberührten Natur fernab jeder menschlichen Zivilisation innere Ruhe und Einkehr versprochen hat.

Heute ist der Gumbertus-Brunnen dank der Ausschilderung entlang der Waldwege problemlos zu finden. Von Hinterholz kommend ist man leicht in einer Viertelstunde an dem Brunnenhaus, aus Richtung Neudorf braucht man etwas länger zu Fuß dem Onoldsbach folgend. Im Inneren des Brunnenhauses ist eine Tafel angebracht, auf der steht: »Mensch trinke von dieser Quelle und danke Gott für diese Gabe«.

Alexander Biernoth

INFOS

Die Gumbertus-Quelle findet man im Wald zwischen Neudorf und Hinterholz. Aus Richtung Hinterholz führt ein etwa ein Kilometer langer Weg zum Brunnenhaus, aus Neudorf ist man entlang des Onoldsbaches etwas über eine Viertelstunde zu Fuß unterwegs. Im Jahr 2003 ist die Quelle neu gefasst und das Brunnenhaus erneuert worden. Ab Leutershausen (Kirchweihplatz) führt der 22 Kilometer lange Eichhörnchenweg über den Gumbertus-Brunnen. Anregungen für einen Besuch in Ansbach finden sich im Anhang von Fundort 38. Rund um die Markgrafenstadt führt ein landschaftlich reizvoller, gut 60 Kilometer langer Parcours, der vor allem für Trekking-Radfahrer und Mountainbiker ausgelegt ist. Den Radlern stehen vier Ausgangspunkte für ihre Tour zur Verfügung, alle an Parkplätzen gelegen: Am Freizeitbad Aquella, am Trimmpfad im Stadtteil Meinhardswinden, an der Ziegelhütte (Stadtteil Eyb) und am Weinberg-Plateau. Das Faltblatt mit der Streckenbeschreibung liegt beim Amt für Kultur und Touristik (Johann-Sebastian-Bach-Platz 1) aus.

41 Beinwell und Bremsenflucht
Ludwig Heumann, Kräuterpfarrer von Elbersroth

Wer in Herrieden das Storchentor hinter sich lässt und nach etwa 500 Metern rechts abbiegt, gelangt nach wenigen Kilometern in das Dorf Elbersroth. Elbersroth? Nie gehört, bekennt mancher eingefleischte Franke. Bringt man indes die Rede auf den Pfarrer Ludwig Heumann, dann werden mitunter Assoziationen erweckt: der Kräuterpfarrer, natürlich, der »Gaggerlaspfarrer«.

Der katholische Priester Ludwig Heumann ist weit über Elbersroth hinaus im Gedächtnis geblieben. »Er hatte nicht nur ein Gespür für die Kräfte der Natur, sondern war auch ein großer Planer und Sozialreformer«, sagt Georg Härteis. Der Theologe war Heumanns sechster Nachfolger als Seelsorger des 300-Einwohner-Dorfes im Landkreis Ansbach, das Härteis als Herriedener Stadtpfarrer mitbetreute.

Berühmt wurde Pfarrer Heumann fraglos als großer Heilkundiger. Der 1869 als siebtes Kind eines Bauernehepaars geborene Bub erfuhr bei den Streifzügen durch Wald und Flur von seiner Mutter mancherlei über die Kraft der Kräuter, ihre heilende Wirkung für Mensch und Tier. So bekam er das alte Wissen von Bärwurz und Beinwell, von Schlüsselblume und Löwenzahn, von Ringelblume und Johanniskraut für seinen Lebensweg mit.

Heumann wurde Gemeindepfarrer in Elbersroth. Bald glich die Waschküche im katholischen Pfarrhaus mehr und mehr einem Labor. Hier mixte er seine Säfte, stieß im Mörser die verschiedenen Pulver, rührte seine heilenden Salben und trocknete die verschiedenen Teeblätter. Hier entwickelte er die sogenannte Bremsenflucht, eine Mixtur, die die stechenden Insekten von Ochs und Kuh, aber auch vom Menschen abhielt.

Neben dem vorbeugenden und heilenden Gesundheitswesen ging es ihm auch um die Verbesserung der wirtschaftlichen Lage der Bauern. So gründete er beispielsweise eine Genossenschaft für den Vertrieb von Eiern. Bald fanden die Elbersrother »Gaggerla« sogar im entfernten Frankfurt ihre Abnehmer. Seine Amtsbrüder nannten ihn nun den »Gaggerlaspfarrer«. Heumann rief den »Raiffeisenverein« und den »Christlichen Bauernverein« ins Leben, für die Landjugend

GEDENKET·DES·STIF
TERS·DIESES·GOTTES
HAUSES·D·H·H·PFARRER
LUDWIG·HEUMANN
GEST·26·APRIL·1918

Eine Gedenktafel an der Elbersrother
Kirche erinnert an Pfarrer Heumann.

organisierte er Fortbildungsveranstaltungen. Und er war Mitbegründer des örtlichen Gesangvereins, der 2008 genau 100 Jahre alt geworden ist. Wohin man geht, wohin man schaut: Pfarrer Heumann hat seine Spuren hinterlassen. Das beginnt schon bei der Kirche, für deren Erweiterung er die Pläne entwarf und die dann sein Nachfolger Andreas Lederer in die Tat umsetzte. Den um die Kirche angelegten Friedhof verlegte Heumann deshalb an den Rand des Dorfes. Hier haben Heumann und Lederer auch ihre letzte Ruhestätte gefunden.

Ende des vorigen Jahrhunderts schuf die Stadt Herrieden in Elbersroth als ständige Erinnerung an Heumanns Forschungen einen Kräuterlehrgarten. Da stehen in den Beeten Hinweisschilder mit der Aufschrift »Nervenleiden« oder auch »Herz- und Kreislauf«. Nicht nur viele Touristen besuchen den Garten, sondern auch Heilpraktiker, die mit ihren »Jüngern« andächtig durch die gepflegte Anlage schreiten und die Wirksamkeit von Pimpinelle, Johanniskraut oder Salbei erklären.

Für nicht wenige der armen Bauern, die sich eine ärztliche Versorgung nicht leisten konnten, war Heumann Seelsorger und Arzt. »Und oft behandelte er eben auch das kranke Vieh«, weiß Härteis. Die Kirchenbehörde hatte um die Jahrhundertwende übrigens großes Verständnis für den eifrigen Forscher und Rezepturenmixer, der zahlreiche naturwissenschaftliche Studienreisen ins europäische Ausland unternahm: Zu seiner Entlastung wurde ein junger Priester nach Elbersroth abgeordnet.

Die Nachfrage nach Heumann-Heilmitteln wuchs und wuchs. Um 1912 entstand die erste »Heumann-Apotheke« in Nürnberg. Diese Apotheke entwickelte sich zusehends zum Versandhaus von Heumanns Arzneien. Es war nur noch ein kleiner Schritt zur Gründung der Firma Heumann.

Der Pfarrer Heumann jedenfalls blieb trotz seiner umtriebigen Ideen, Forschungen und Geschäfte dem kleinen Dorf zwischen Herrieden und Feuchtwangen bis zu seinem Tod am 26. April 1918 verbunden. Er, der so vielen Menschen half, konnte sich selbst nicht helfen. Er wurde gerade mal 49 Jahre alt. Eine Gedenktafel an der Kirche, eine nach ihm benannte Straße und der Kräutergarten erinnern in Elbersroth an Ludwig Heumann, der es vom Kräuterforscher zum Pharmaunternehmer brachte und der doch immer Priester seiner Gemeinde blieb.

Günter Dehn

Elbersroth liegt zwischen Herrieden und Feuchtwangen im Landkreis Ansbach. Der Kräuterlehrgarten am Rande der Ortschaft bietet einen herrlichen Ausblick auf den Talraum der Wieseth und das Dorf. Eingerahmt wird er von der Lourdeskapelle, einem alten Streuobstbestand, Hutungsflächen und Waldstücken. Kern der Anlage ist eine umfangreiche Sammlung von Heilkräutern, die auf zugehörigen Schildern beschrieben werden. Der Garten ist jederzeit frei zugänglich, der Eintritt ist kostenlos. Ein Besuch empfiehlt sich aus naheliegenden Gründen ausschließlich zur Vegetationszeit. Führungen sind nach Vereinbarung möglich. Anfragen bei der Stadtverwaltung Herrieden unter Tel. 09825 / 808-35. Die Kirche St. Jakobus in Elbersroth wird nicht nur mit Heumann, sondern auch mit der 1797 gegründeten Herz-Jesu-Bruderschaft in Verbindung gebracht. Das Dorf ist Geburtsort des Eichstätter Bischofs Gregor Maria Hanke.

42 Märchenschloss ob der Tauber
Das Rothenburger Wildbad

Niemand weiß so ganz genau, was wirklich am Anfang der bewegten Geschichte des Rothenburger Wildbads stand. Möglicherweise war es das Erdbeben von 1356, das hier Quellen sprudeln ließ. Das kühle Nass enthielt Schwefelverbindungen. Als Trinkwasser genossen, soll es heilende Wirkung für Galle und Leber gehabt haben und äußerlich angewendet eine Wohltat für die Haut gewesen sein. Sicher ist jedenfalls, dass der heute noch bekannte Rothenburger Bürgermeister Heinrich Toppler im Jahr 1400 am Hang ob der Tauber einen Badeplatz anlegen und die vorhandenen Quellen nutzen ließ.

Der Name »Wildbad« stammt aus dieser Zeit und stand wohl für ein Freibad mit Heilwasser – im Gegensatz zu den herkömmlichen Volksbadeeinrichtungen dieser Zeit. Im 17. Jahrhundert errichteten die Rothenburger dann bei den Heilquellen das erste Badehaus. Zunächst strömten die Genesung suchenden Menschen in Mengen herbei. Im Laufe der Zeit ebbte das Interesse am Wildbad jedoch ab. 1790 war es nur noch eine bessere Gaststätte: »Die Kurgäste sind hier selten. Es dient zum Wirtshause, wohin die Bürger gehen und ihren Schoppen Wein trinken«, heißt es in einer Chronik.

Einige Jahre später jedoch setzten die Rothenburger an, ihren danieder liegenden Heilbadbetrieb wieder auf Touren zu bringen. Der Arzt Hermann Robert Beichhold sollte dies bewerkstelligen, beispielsweise mit Anzeigen in großen Tageszeitungen. Aber die Gäste blieben dennoch aus. Zumal Wasseranalysen aus dieser Zeit den Verdacht aufkeimen ließen, dass eindringendes »wildes Wasser« die Heilkraft des Kurtranks wahrscheinlich spürbar minderte.

Fast 100 Jahre später erfolgte ein weiterer intensiver Versuch, Rothenburg zu einem renommierten Kurbad zu machen. Friedrich Hessing, später Hofrat Friedrich Ritter von Hessing, war der Erbauer des heutigen Wildbads. Wie ein Märchenschloss thront es seit 1903 am Hang im Taubertal. Und Hessing, Erfinder genialer orthopädischer Hilfsmittel, hoffte, damit eines der bedeutendsten Kurhäuser in Europa geschaffen zu haben. Doch sein Traum erfüllte sich nicht. Es entwickelte sich zwar ein vornehmer Kurbetrieb, aber mangels Geschäftserfolg, sicher auch kriegsbedingt, musste Hessing das Anwesen 1917

An glanzvolle Zeiten erinnern prunkvolle Räume im Rothenburger Wildbad.

für magere 186.000 Mark verkaufen. Dieser Summe standen Baukosten von drei Millionen Mark gegenüber.

In rascher Folge wechselten nun Besitzer und Verwendungszwecke: Erholungsheim für Schauspieler, Reichsmusikschule, Kinderheim, Kriegs-Gymnasium, Polizeischule und vieles mehr beherbergten die Mauern. Für Schlagzeilen sorgte das Wildbad 1976/77, als der Guru Maharashi Mahesh Yogi hier die »Residenz des Zeitalters der Erleuchtung« für die Anhänger der Transzendentalen Meditation errichten wollte. Die Stadt und die Kirchen verhinderten dies mit List und Tücke gewissermaßen in allerletzter Sekunde.

Seither dient das Märchenschloss ob der Tauber der Evangelisch-Lutherischen Landeskirche von Bayern als Tagungszentrum. Mehr als 15 Millionen Mark investierte sie, um das im Lauf der Jahrzehnte doch ziemlich heruntergekommene Prachtgebäude wieder auf Hochglanz zu bringen. Fachleute sprechen heute von einem denkmalpflegerischen Glücksfall. Und die Leitung der Tagungsstätte ist sehr stolz auf das, was die landeskirchliche Einrichtung ihren Gästen bieten kann: Ein Haus nämlich, in dem sich ein Kleinod an das andere reiht.

Das Wildbad gilt als Vorzeigebeispiel für den Baustil des Übergangs vom Historismus zum Jugendstil. Vor allem die Jugendstilfenster begeistern Fachleute und Laien. Aber auch der Rokoko- und der Theatersaal suchen als bauliche Glanzstücke aus schwärmerischer Epoche weit und breit im Lande ihresgleichen.

Inzwischen hat das Wildbad übrigens den Erfolg, den frühere Generationen erträumt haben: Die Menschen strömen in Scharen dorthin. Das kirchliche Tagungszentrum mit seinen 128 Fremdenbetten ist so gut wie immer ausgebucht – und dies meist auf lange Zeit im Voraus.

Ulrich Rach

INFOS

Ein Spaziergang von Rothenburg zum Wildbad am Hang der Tauber lohnt sich. Die Tagungsstätte steht normalerweise nicht für Besichtigungen offen. Führungen für Gruppen sind jedoch nach telefonischer Anmeldung (0 98 61/ 9 77-0) möglich. Neben den vielen Sehenswürdigkeiten in der Tauberstadt ist der Rothenburger Turmweg zu empfehlen, unten im Tal der Taubermühlenweg, eine einmalige Aneinanderreihung von verschiedenen historischen Mühlen. Außerdem der Wasserwirtschaftliche Lehrpfad im Schandtauber-Tal nach Bettenfeld. Kontakt: Rothenburg Tourismus Service, Marktplatz 2, Tel. 09861/404-800. Weitere Informationen im Internet unter www.tourismus.rothenburg.de

43 Wie eine Theaterkulisse
Heiliges Grab der Pfarrei Virnsberg

Es ist ein in Nordbayern einmaliges Zeugnis katholisch-barocker Volksfrömmigkeit: das Heilige Grab der Pfarrei Virnsberg. Seit dem Frühjahr 2001 ist es ganzjährig in einem eigenen Museumsneubau zu sehen. Und die Marktgemeinde Flachslanden hofft, damit viele Kunstinteressierte in diesen Ort, ehemals Sitz eines Deutschordenskomturs, locken zu können.

Schon seit dem 9. Jahrhundert ist überliefert, dass in Europa Nachbildungen des Grabes Jesu errichtet wurden, wie man es aus der Jerusalemer Grabeskirche kennt. Pilgerfahrten ins Heilige Land und die Kreuzzüge weckten zusätzlich das Interesse an den Stätten des Heilswirkens Jesu. In der Zeit vor dem Dreißigjährigen Krieg wurden vor allem vollplastische Darstellungen geschaffen, wie sie etwa in Eichstätt heute noch zu sehen sind.

Im Zeitalter des Barock erlebten dann die Kulissengräber eine Blütezeit, und aus dieser Epoche stammt auch das Heilige Grab in Virnsberg. Diese mit Theaterkulissen vergleichbaren Heiligen Gräber wurden in der Karwoche vor den Hochaltären aufgestellt, um den Gläubigen den Tod und die Grabesruhe des Gottessohnes möglichst eindringlich vor Augen zu führen.

Das Kulissengrab von Virnsberg ist in den Jahren 1765 bis 1770 entstanden. Es wurde mit großer Wahrscheinlichkeit für die Kapelle im Deutschordensschloss gebaut. In den Jahren 1915 bis 1917 errichtete man außerhalb des Schlosses in Virnsberg eine eigene Pfarrkirche, die dem heiligen Dionysius geweiht und mit dem Inventar der Schlosskapelle ausgestattet wurde.

Auf diese Weise ist auch das Heilige Grab in die Pfarrkirche gekommen, wo man es bis in die frühen Sechzigerjahre des vorigen Jahrhunderts in der Karwoche vor dem Hauptaltar aufstellte, wie Bleistiftkritzeleien von ehemaligen Ministranten auf der Rückseite des Kulissengrabes belegen. Einige der Ministranten von einst sind heute gestandene Männer, die sich immer noch um das Heilige Grab kümmern.

Durch die Liturgiereform im Zuge des Zweiten Vatikanischen Konzils kamen die Kulissengräber aus der Mode und wurden von der Kirchenleitung nicht mehr gerne gesehen. Vielerorts wurden sie vernich-

Die religiösen Szenen haben in Virnsberg eine dauerhafte Bleibe gefunden.

tet, in Virnsberg aber wurde das Heilige Grab auf dem Dachboden der Kirche eingelagert.

Ende der Achtzigerjahre entdeckte der damalige Pfarrer Teile davon und sorgte dafür, dass es wieder aufgestellt wurde. Schnell erkannte man den Wert dieser kunst- und kirchengeschichtlichen Besonderheit. Mit nicht unerheblichem Kostenaufwand ließ die Erzdiözese Bamberg die bemalten Holztafeln restaurieren.

Auch die Verantwortlichen der Gemeinde Flachslanden waren vom Kulissengrab angetan. Sie machten sich dafür stark, eine eigene Ausstellungshalle zu errichten, wo das Kulturerbe konservatorisch aufbewahrt wird und besichtigt werden kann. Für rund 270.000 Euro wurde im Schafhof gegenüber der Pfarrkirche der Neubau errichtet.

In der Erzdiözese Bamberg und im gesamten nordbayerischen Raum gilt das Heilige Grab von Virnsberg als einmalig. Es besteht aus bemalten Holzbrettern, die mit vier Bildebenen, nach hinten enger und höher werdend, eine geschickte Raumwirkung erzielen. Die vierte und zugleich hinterste Bildebene bildet eine Einheit, die davor platzierten Kulissen sind jeweils in zwei Darstellungen unterteilt, die eine perspektivische Durchsicht zur hintersten Ebene gewähren.

Die Verantwortlichen in der Erzdiözese hoffen, dass sich auch heute noch Gläubige und Besucher durch dieses Kunstwerk inspirieren lassen, über das österliche Heilsgeschehen nachzudenken. Anders als in Jerusalem, wo sich die christlichen Konfessionen erbittert um das Grab Jesu in der Grabeskirche streiten, soll das Grab von Virnsberg ein Zeichen echter Ökumene und friedlichen Zusammenlebens sein.

Alexander Biernoth

44 Der Kurfürst und die Tänzerin
Grabmal einer unehelichen Tochter von Karl Theodor in Sondernohe

Sondernohe unweit von Virnsberg ist altes Deutschordensgebiet, katholisches Kernland inmitten einer auch heute noch weitgehend protestantischen Umgebung. Auf den Grabsteinen des winzigen Dorffriedhofs sind Allerweltsnamen wie »Weber« und »Hofmann« zu lesen. Von den einfachen Steinen hebt sich ein kunstvolles Epitaph ab, das in die Außenwand der Kirche eingelassen ist. »Francisca Dorothea Carolina v. Isenburg/Birsten, geborene Gräfin von Parckstein«, lautet die Inschrift. Der Stein erinnert an eine uneheliche Tochter des bayerischen Kurfürsten Karl Theodor (1724–1799).

Welches Schicksal hat die Fürstin einst in die fränkische Provinz verschlagen? Um diese Frage zu beantworten, muss die Lebensgeschichte ihrer Mutter betrachtet werden: Françoise Després-Verneuil, Tänzerin aus Frankreich und Mätresse Karl Theodors.

Karl Theodor hatte im Jahr 1777 als Pfälzer Wittelsbacher recht widerwillig die bayerische Kurfürstenwürde angenommen. Ungern verließ er seine Mannheimer Residenz, um nach München zu ziehen und von dort aus gemäß den wittelsbachischen Hausverträgen die vereinigten pfalz-bayerischen Lande zu regieren. Der Kurfürst galt als wissenschaftlich interessiert, als Förderer der Kunst und als Reformer. München bescherte er den Englischen Garten. Aber geliebt wurde er vom Volk dafür noch lange nicht.

Weder die Ehe mit seiner ersten Gattin, mit der er 35 Jahre lang verheiratet war, noch die mit seiner blutjungen zweiten Frau, mit der er sich 71-jährig vermählte, brachte Karl Theodor einen Erben. Für Nachwuchs sorgte er dennoch reichlich: Zwischen 60 und 200 Kinder, so die Schätzungen von Historikern, hat der Kurfürst bei seinen vielen Seitensprüngen gezeugt. Sein sehr vitales außereheliches Interesse soll vor allem bei den Damen des Theaters Früchte getragen haben.

Eines Tages lernte er die bildhübsche Schauspielerin und Tänzerin Françoise Després-Verneuil kennen. Die Liaison blieb nicht ohne Folgen. 1762 gebar ihm die Französin eine Tochter – Franziska Dorothee Karoline. Die Tochter wurde von ihrem Vater legitimiert und

Ein schlafender Löwe ziert das Grabmal an der Südwand der Kirche.

mit einem Adelstitel ausgestattet. Sie durfte sich seit 1776 Gräfin von Parkstein nennen.

Ihre Mutter kehrte Jahre später in ihr Heimatland zurück. Dort erlag sie schließlich der Schwindsucht. Karoline hatte 1776 Friedrich Wilhelm Prinz zu Isenburg und Büchingen in Birstein geheiratet. Nach dessen Tod verschlug es sie nach Franken: Wohl als Ruhesitz hatte sie 1814 Schloss Ickelheim bei Windsheim erworben. Dort allerdings war der unehelichen Tochter Karl Theodors kein langer Lebensabend mehr vergönnt. Bereits 1816 verstarb sie, erst 54 Jahre alt.

Als Katholikin konnte sie im evangelischen Ickelheim nicht bestattet werden. Deshalb wurde sie im nächstgelegenen katholischen Friedhof, im rund zwölf Kilometer entfernten Dorf Sondernohe beerdigt. In den Grabstein ließ sie den Spruch einmeißeln: »An der Mutter Grabe verstummet nie der Kinder Schmerz«.

Horst M. Auer

INFOS

Das Epitaph von Franziska Dorothea Karoline befindet sich an der Südwand der Dorfkiche von Sondernohe. Das Pfarrhaus daneben entstand von 1747 bis 1750 nach Plänen des Baumeisters Leopoldo Retti, der ab 1731 für den Ansbacher Markgrafen wirkte und dabei die Arbeiten am Schloss weiterführte. Außerdem entwarf er die Pläne für Schloss Dennenlohe (siehe Fundort 35). Sondernohe liegt gut sechs Kilometer nördlich von Flachslanden (Landkreis Ansbach) in der Nähe von Virnsberg. Dort kann man sich das Heilige Grab und das Schloss anschauen (siehe Fundort 43). Die im Jahr 1235 erstmals als Burg Virnsberg erwähnte Anlage war lange Zeit im Besitz des Deutschen Ordens und gehörte zur einflussreichen Deutschordensballei Franken.

45 Schatz im alten Kloster
Die historische Stadtbibliothek von Bad Windsheim

Im Jahr 1559 folgte der Rat der Reichsstadt Windsheim einer Bittschrift seiner »Kirchen- und Schuldiener«, der Lehrer und Geistlichen, zur Einrichtung einer »kleinen zimlichen Liberey, darin man die fürnemsten und bewertesten Bücher zur Hand haben müge«. Und diese sollten außer ihnen auch diejenigen, »die aus der Burgerschaft zum Studiren und freien Kunsten Lust haben, gebrauchen« können – eine öffentliche Bibliothek also und somit in etwa so alt wie beispielsweise die nur ein Jahr zuvor gegründete spätere Bayerische Staatsbibliothek in München.

Seit 1623 bis heute befindet sich die Windsheimer Stadtbibliothek in einem eigenen Gebäude.1525 war das 1291 gestiftete Kloster der Augustiner-Eremiten aufgelöst und dem Rat der Stadt übergeben worden. Der Chor der Klosterkirche ist heute der einzige erhaltene bauliche Rest der Anlage, die 1615/16 mit einer westlichen Abschlusswand, einem neuen Dachstuhl und einer Zwischendecke versehen und völlig umgestaltet worden ist.

Genutzt wurde der untere Raum dieses »neuen Baus« für verschiedene städtische Zwecke. Der obere Raum des Gebäudes, den man über einen angesetzten Fachwerk-Treppenturm erreicht, sollte »zu einer Bibliothec gebraucht werden«. Ein frühes Beispiel eines eigenen Bibliothekszweckbaus, bemerkenswert auch angesichts der damaligen Größe der Reichsstadt mit gerade einmal 3.000 Einwohnern.

Betreut wurde die Bibliothek anfangs von den Pfarrern, ab 1679 von den Rektoren des Gymnasiums als nebenamtliche, seit 1624 formell beauftragte und besoldete Bibliothekare. Ein regelmäßiger Etat stand ihnen allerdings nicht zur Verfügung, und so wuchs der Buchbestand durch Neukauf sowie durch viele einzelne Schenkungen und die Übernahme privater Büchersammlungen vor allem von Windsheimer Bürgern nur allmählich.

Mit dem Reichsstadt-Ende 1802/03 kam die Bestandsvermehrung jedoch zum völligen Stillstand. Aus der öffentlichen Bibliothek wurde ein Buchmuseum, das heute wie schon im 19. Jahrhundert 5.400 Bände zählt. Immerhin ein sehenswertes Buchmuseum: Neben 112 mittelalterlichen Handschriften vom 12. Jahrhundert an und 113 Inkunabeln (Wie-

Bis heute blieb der Zustand
des Bibliothekssaals von 1620
unverändert.

gendrucke), die zum großen Teil noch aus der »Liberey« des Klosters stammen, wird mit den übrigen Beständen an theologischer, philologischer, historiografischer, juristischer und naturwissenschaftlicher Literatur ein Querschnitt durch fast alle Wissensgebiete aus mehr als drei Jahrhunderten geboten. Eindrucksvoll ist auch die original erhaltene Einrichtung, die herrliche Spätrenaissance-Eingangstür von 1617 mit ihrem kunstvollen Schloss ebenso wie die anfangs vier mächtigen freistehenden Repositorien (Bücherschränke), zu denen im 18. Jahrhundert fünf gleichartige Regale und die Wandregale hinzugekommen sind.

Tatsächlich ist die Windsheimer Stadtbibliothek heute das geworden, was sich schon die Antragsteller 1559 erhofft hatten, ein »Schatz und edles Kleinod«, und was der Münchner Oberbibliothekrat Karl Schottenloher nach einem Besuch 1929 als »ein Kleinod ersten Ranges« bezeichnet hat.

Gerade angesichts der Tatsache, dass viele der hier aufbewahrten Bücher auf frühere Windsheimer Generationen zurückgehen, dass sie von ihnen benutzt, ausgeliehen und gelesen wurden, dass viele sogar von Windsheimer Buchbindern gebunden worden sind, und dass die Einrichtung ganz von ortsansässigen Handwerkern stammt, handelt es sich nicht nur um eine kultur- und bibliotheksgeschichtlich bedeutsame Sammlung, sondern auch um ein stadtgeschichtliches Museum ganz eigener Art.

Michael Schlosser

INFOS

Die historische Stadtbibliothek von Bad Windsheim ist eigentlich nicht zu besichtigen. Sie ist aber dem interessierten Publikum wie der Forschung zugänglich über das Stadtarchiv (Telefon: 0 98 41/66 89-15). Lohnenswerte Ausflugsziele sind in Bad Windsheim das Fränkische Freilandmuseum (Tel. 09841/ 6680-0) und die Frankentherme (Tel. 09841/4030-0) mit Salzsee und Kurpark. Nicht weit ist es nach Virnsberg (Fundort 43) und Sondernohe (Fundort 44).

46 Geschichte im Visier
Die Schützenscheiben
des Schützenvereins in Emskirchen

Das Schützenhaus von Emskirchen ist ein hübscher, lang gestreckter Fachwerkbau, der vermutlich um die Mitte des 17. Jahrhunderts entstanden ist. Seine heutige Funktion erhielt das geschichtsträchtige Gebäude spätestens 1755, denn aus diesem Jahr stammt die älteste Scheibe des Schützenvereins. Es ist eine Hochzeitsscheibe, gestiftet anlässlich der Vermählung von Johann Eckart mit Barbara Dorothea Schellerin. Darauf abgebildet ist das Wohnhaus der Posthalterfamilie Eckart, das heutige Gasthaus »Goldener Hirsch«.

Das gute Stück ist keineswegs das einzige Prachtexemplar des Vereins. Von »einer umfangreichen, außerordentlich schönen Sammlung«, schwärmte vor Jahren der Historiker Wolfgang Mück, ehemaliger Bürgermeister im benachbarten Neustadt/Aisch. Hervorzuheben seien vor allem die »fantastischen Scheiben« des Malers Johann Leonhard Städtler (1758–1827). Seine Motive bilden lokale Begebenheiten und sogar das Weltgeschehen ab.

Der Schuss auf den hölzernen Vogel oder auf die Schützenscheibe zählt seit jeher zu den Höhepunkten des Schützenjahres, seit Jahrhunderten neben Kirchweihen und anderen Festen ein willkommener Anlass zum Wetteifern. Durchlöchert wie früher werden die Holzscheiben jüngeren Datums freilich nicht mehr: Seit Langem schon wird nur noch um die Scheibe gekämpft, diese aber nicht mehr direkt ins Visier genommen. Dazu sind die zum Teil prächtigen Illustrationen viel zu schade.

In Emskirchen hat sich eine stattliche Anzahl der ebenso dekorativen wie aufschlussreichen Zeitdokumente angesammelt. Zwar mussten im Laufe der Zeit einige Verluste hingenommen werden, so etwa nach Kriegsende, als US-Truppen das Schützenhaus beschlagnahmten und amerikanische Soldaten das Scheibenschießen im Freien auch mit historisch wertvollen Stücken übten. Aber rund 200 Originale sind noch erhalten geblieben, darunter wahre Kunstwerke.

Besonders wertvoll sind die »hölzernen Chroniken« des Neustädter Malers Städtler, eines begabten und doch vom Leben wenig verwöhnten Künstlers, der ab 1790 eine Vielzahl von Schützenscheiben schuf.

Die Lieblingsscheibe von Helmut Schönleben stammt aus dem Jahr 1820.

Er überlieferte alte Ortsansichten von Emskirchen, beschrieb Brauchtum und Alltagsleben und hielt die große Hungersnot von 1816/17 im Bild fest. Auch Jagdmotive und Szenen aus der antiken Mythologie zieren seine Scheiben.

Reichlich Stoff lieferte die große Politik. Städtler thematisierte beispielsweise 1792 ausdrucksstark den Übergang der fränkischen Fürstentümer an Preußen und 1814 die Abdankung Napoleons. Laut Wolfgang Mück hat der Maler »als ein hellwach reagierender Zeitgenosse« eine bewegte Zeit mit ihren Umbrüchen prägnant skizziert.

Beeindruckend sind auch die mit Versen versehenen Wunschbilder der damaligen Zeit. »Fried ernährt – Krieg verzehrt« steht am Rand der Scheibe des Schützenmeisters Johann David Kuhr aus dem Jahr 1796. Einer blutigen Kampfszene mit einem brennenden Bauernhof und verzweifelt flüchtenden Menschen steht eine friedliche ländliche Idylle mit Viehweide und Ernte gegenüber.

Auch Ereignisse aus jüngerer Zeit fanden ihren Widerhall: Mondlandung, Abrüstung, Mauerfall und deutsche Wiedervereinigung – in der Sammlung des Emskirchener Vereins fehlt kaum etwas von dem, was die Menschen über Generationen bewegt hat.

Die Lieblingsscheibe von Helmut Schönleben, Ehrenschützenmeister des Vereins, stammt aus dem Jahr 1820. Sie zeigt auf der einen Seite die ausgelassene Feier eines fränkischen Dorfs mit Musik und Tanz.

Auf der anderen Seite halten drei Grazien einen Lorbeerkranz über eine Büste, die Bayerns König Max I. Joseph darstellt. »Die runde Holztafel«, meint Wolfgang Mück, »zeigt, wie rasch es gelungen war, Franken in das neue Staatswesen zu integrieren: Die Schützenscheibe von Emskirchen ist ein frühes Beispiel von Königsverehrung in Franken.«

Thilo Castner

INFOS

Emskirchen liegt zwischen Neustadt/Aisch und Langenzenn. Das Schützenhaus von Emskirchen ist der Öffentlichkeit nicht zugänglich. Ab und an ermöglicht der Verein auf Anfrage einen Besichtigungstermin. Kontaktmöglichkeiten sind auf der Homepage www.sg-emskirchen.de aufgeführt. Ein Ausflugstipp ist das Radio- und Rundfunkmuseum im Emskirchener Ortsteil Brunn. Die Ausstellungsräume befinden sich im dortigen Schloss, das 1753 von den Adelsfamilien von Pückler und Limburg erbaut worden ist. Das Museum hat vom 1. Mai bis einschließlich Oktober jeweils an Sonn- und Feiertagen von 14:00 bis 17:00 Uhr geöffnet. Gruppen, vor allem auch Schulklassen, können ganzjährig einen gewünschten Termin vereinbaren (Telefon und Fax 09104/24 82). Gegenüber dem Schloss befindet sich als Rest einer alten Wasserburg ein Rundturm.

47 Tor zur Welt
Der ehemalige Flugplatz in Fürth-Atzenhof

Der frühere Flugplatz von Fürth-Atzenhof ist ein in ganz Deutschland ausgesprochen seltenes Zeugnis aus der Pionierzeit der Fliegerei. Die Fluggeschichte Mittelfrankens begann hier schon im Jahr 1914, als sich die ersten Pläne konkretisierten, im Großraum Nürnberg-Fürth-Erlangen eine militärische Fliegerstation einzurichten. Als geeignetes Areal fand man nach vergeblicher Suche in Nürnberg das Plateau im Nordwesten Fürths zwischen Atzenhof und Unterfarrnbach. Wichtige Kriterien für die Wahl dieses Geländes waren die feste Grasnarbe in dem ursprünglichen Heidegebiet und eine weitgehende Nebelfreiheit auf der Höhe über der Regnitz.

Im Verlauf des Ersten Weltkriegs wurde das Flugzeug ein wichtiges Aufklärungs- und Kampfmittel. Deshalb kam es 1917/18 zu dem großzügigen und raschen Flugplatzausbau am südöstlichen Rand des Flugfelds, das wie bei allen alten Flugplätzen rund ist, da die Piloten ohne Rollbahn gegen den Wind starteten. Vier Gebäude sind aus dieser Zeit erhalten, als wichtigstes die Flugwerft. Ihre Größe von 77 mal 37 Metern und ihre aufwendige architektonische Gestaltung spiegeln den hohen Stellenwert wider, den die Fliegerei im Ersten Weltkrieg hatte. Die Werft ist fast baugleich mit der ein Jahr jüngeren in München-Oberschleißheim, die 1992 mit großem finanziellem Aufwand für das Deutsche Museum renoviert wurde.

Eine Rarität aus dieser frühen Zeit ist auch die letzte von ursprünglich neun Normalflugzeughallen, die sich nördlich an die Werft anschließt. Diese Hallen dienten zum Unterstellen der im Ersten Weltkrieg noch recht kleinen Flugzeuge aus Holz, Stoff und Drahtverspannungen. Die Hangars wurden in Fertigbauweise errichtet. Die Einzelteile kamen mit der Eisenbahn zum Flugplatz, der einen eigenen Gleisanschluss an die Würzburger Linie besaß.

Nach dem verlorenen Krieg begann auf dem Fürther Flugplatz sehr schnell die zivile Luftfahrt. Die Alliierten nahmen die Anlage in die Liste der internationalen Flughäfen auf, deshalb wurde sie nur teilweise demontiert. Geflogen wurde mit offenen, zweisitzigen »Rumplertauben«, die schon im Krieg benutzt und dann umgebaut worden

Auf dem Flugplatz Fürth-Atzenhof sind noch einige Flugzeughallen erhalten.

waren. So eine »Rumplertaube« brauchte nach München eineinviertel Stunden, mit dem D-Zug benötigte man damals immerhin dreieinhalb Stunden. Heute braust der ICE in gut einer Stunde in die Landeshauptstadt.

Der Zivilflugverkehr entwickelte sich stürmisch. Von 1922 bis 1927, in nur fünf Jahren also, verzehnfachten sich Flugbewegungen und Passagieraufkommen. Fürth nahm im Personenverkehr unter den 88 deutschen Flughäfen die achte Stelle hinter Berlin, Hamburg, München, Köln, Halle, Leipzig und Frankfurt/Main ein und hatte internationalen Rang. Seine Bedeutung wuchs auch, als 1922 die wichtigste deutsche Flugzeugfabrik, Junkers, ihre zentrale Reparaturwerkstatt in das große Werftgebäude nach Fürth verlegte. Alle JUs wurden hier überholt und instand gesetzt.

Hugo Junkers war nach dem Ersten Weltkrieg der herausragende Flugzeugbauer, der mit seinen flugsicheren Ganzmetall-Konstruktionen einen qualitativen Sprung in der Flugzeugentwicklung bewirkte. Die Junkers-Werke verlagerten auch Teile der Endmontage ihrer Maschinen von Dessau nach Fürth. Vor allem die attraktiven Modelle F 13 und G 24 sind eng mit der hiesigen Werft verbunden.

Der Flugplatz trug den Namen »Flughafen Fürth-Nürnberg«, da die Stadt Fürth zwei Drittel und die Stadt Nürnberg ein Drittel der Unterhaltskosten bestritten. 1928 erhielt er einen neuen Namen. Er hieß nun »Flughafen Nürnberg-Fürth«. In diesem Jahr zogen die Junkers-Werke nach Leipzig, und Nürnberg übernahm die Verwaltung des Flugplatzes. In der schlechten wirtschaftlichen Situation der ausgehenden Zwanzigerjahre konnte sich Fürth keinen internationalen Airport mehr leisten.

Nürnberg betrieb den Bau eines neuen Flugplatzes auf eigenem, innenstadtnahem Gebiet. 1933 war es so weit, die Anlage am Marienberg wurde eröffnet. In Fürth übernahm wieder das Militär den Flugplatz. Sehr schnell wurde er im Rahmen der Kriegsvorbereitung weiter ausgebaut. Zwei neue Hangars und eine neue Werft entstanden, da die Flugzeuge inzwischen viel größer geworden waren. Man errichtete mehrere Kasernen und ein neues Befehlsgebäude im schönsten Bauhausstil.

1945 rückte die US-Army ein und erbaute erstmals eine Start- und Landebahn aus mobilen Stahlplatten, auf denen die internationale Prominenz landete, die zu den Nürnberger Prozessen kam. 1949 erhielt das Areal den Namen »Monteith-Barracks«. Diesen Namen kann man heute noch lesen, wenn man das Gelände betritt, das von den US-Truppen bereits 1993 geräumt worden war.

Barbara Ohm

Nürnberg und Fürth haben also nicht nur mit der ersten deutschen Eisenbahn Verkehrsgeschichte geschrieben hat, sondern auch mit einem Flugplatz, der über eine kurze Phase der Pionierzeit zu Deutschlands wichtigsten Knotenpunkten gehörte. Auf dem Gelände an der Vacher Straße 223-227 hat sich in den letzten Jahren viel getan. Den größten Teil des ehemaligen Flugfelds nimmt ein Golfplatz ein. Einige Hallen werden gewerblich genutzt, in der letzten ihrer Art entstanden Loftwohnungen. Eine Innenbesichtigung ist deshalb nicht möglich. »Lernt Fliegen!« ist der Titel eines reich bebilderten Buchs über den in Vergessenheit geratenen Stützpunkt in Fürth-Atzenhof (emwe-Verlag Nürnberg, 190 Seiten, 34,90 Euro). Zu den Merkwürdigkeiten, die von den Autoren Renate Trautwein und Oliver Wittmann erzählt werden, zählt die Tatsache, dass der Bauleiter des Fliegerhorsts, Wilhelm Schulte, hauptsächlich Kirchenarchitekt war. So etwas wie das Wahrzeichen von Atzenhof ist der alte Müllberg, der begrünt und mit einer großflächigen Solaranlage bestückt ist. Spaziergänger genießen die Aussicht nach Fürth, Erlangen oder hinüber der Alten Veste bei Zirndorf.

48 Schmähbilder aus Stein
Das Motiv der »Judensau« – antisemitische Spottdarstellungen

Das früheste Beispiel für das Motiv der »Judensau« findet sich im Säulenkapitell des Brandenburger Doms. Es entstand um 1230. Auch im Chorgestühl des Doms zu Köln sowie am südlichen Strebepfeiler des Regensburger Doms sind derartige Darstellungen zu sehen. Abgebildet werden jeweils Schweine, an deren Zitzen Juden saugen. Solche antisemitischen Reliefs übelster Art sind in Deutschland weit verbreitet und fast nur im deutschsprachigen Raum nachweisbar. Franken bildet da keine Ausnahme: Neben dem Burgtor in Cadolzburg (Landkreis Fürth) und an der Stadtkirche in Bayreuth gibt es eines der Schmähbilder, ebenso in der Hopfenstadt Spalt (Kreis Roth). In Nürnberg ist eine stark verwitterte »Judensau« in etwa sieben Metern Höhe am Ostchor der ehrwürdigen Sebalduskirche angebracht.

Mit ihrer Obszönität zielen alle Plastiken darauf ab, die jüdische Religion zu verhöhnen. Manche lassen sich an Schamlosigkeit und Bosheit kaum überbieten. Es gibt sogar Darstellungen, die zeigen, wie Juden dem Tier den After küssen oder seinen Kot essen. Kaum zu glauben, dass die Schandbilder die Jahrhunderte meist kritiklos überstanden haben.

Im Unterschied zu früheren Zeiten, als die »Judensau«-Szenen in weiten Teilen der Bevölkerung bekannt und wohlgelitten waren, weiß heute kaum ein Zeitgenosse etwas über dieses uralte christliche Vorurteil. »Zweifellos hat das Bewusstsein, dass den Juden eine Berührung mit dem Schwein oder gar der Genuss von Schweinefleisch ein besonderer Gräuel war, zur Popularität der Judensau beigetragen«, stellen Stefan Rohrbacher und sein Koautor Michael Schmidt in ihrer kulturgeschichtlichen Abhandlung »Judenbilder – antijüdische Mythen und antisemitische Vorurteile« fest.

Denn wenn die Juden wirtschaftlich nicht ausgeplündert, gesellschaftlich nicht diskriminiert oder nicht gleich erschlagen werden konnten: Gelacht werden durfte über die Minderheit allemal. Das Stadtmuseum München besitzt ein besonders schlimmes Exemplar einer »Judensau«. Es handelt sich um eine Marionette. Auf der einen Seite stellt die Puppe ein Schwein dar; durch einen Mechanismus und

Ziemlich verwittert ist das Relief am Eingang der Cadolzburg.

eine Drehung am Fadenkreuz verwandelt sich das Tier in einen bärtigen »Schacherjuden«. Bei einem fröhlichen Jahrmarktbesuch lernten so schon die Kinder im Handumdrehen das gesellschaftlich vorherrschende Bild vom Juden kennen: »der Schacherer« – »die Judensau«! Dieses Spottbild wird heute gottlob nicht mehr zur Volksbelustigung auf den Kirchweihen präsentiert. Die »Judensau« als Schmähung aus Stein behält allerdings ihren angestammten Platz an fränkischen Baudenkmälern.

Einer wollte sich damit nicht abfinden: Nach den Vorstellungen des streitbaren evangelischen Pfarrers von Speichersdorf (Kreis Bayreuth) sollte die Hetzdarstellung zumindest in Bayreuth verschwinden. Doch seiner Forderung nach sofortiger Entfernung der Skulptur am Gotteshaus kam der dortige Kirchenvorstand nicht nach. Die Spott-Szene entspreche dem verbreiteten Zeitgeist früherer Jahrhunderte. Die Missachtung der Menschenwürde und der fremden Religion habe zwar letztlich zur Vernichtung von Menschen geführt, dennoch sollten die verwitterten Reste der Plastik nicht von der Fassade entfernt werden. Dies würde einem »ungeschichtlichen Umgang mit einem historischen Denkmal« entsprechen.

Als Zeitzeugnis erhaltenswert oder als Spottbild untragbar? In Bayreuth brachte die evangelische Kirche im Jahr 2005 eine Mahntafel mit der Inschrift an: »Unkenntlich geworden ist das steinerne Zeugnis des

Judenhasses an diesem Pfeiler. Für immer vergangen sei alle Feindseligkeit gegen das Judentum.«

Jim G. Tobias

INFOS

Beispiele für »Judensau«-Schmähbilder finden sich am Eingang der Cadolzburg im Landkreis Fürth, an der Bayreuther Stadtkirche und am Ostchor von St. Sebald in Nürnberg. Im Heilsbronner Münster hängt eine derartige Skulptur an einer Säule im »Mortuarium« als Sockel für eine Heiligenfigur. Das Zeugnis einer antijüdischen Einstellung der christlichen Kirche im Mittelalter stammt aus dem Jahr 1420. Spottbilder mit dem Judensau-Motiv sind seit dem frühen 13. Jahrhundert belegt und bundesweit an fast 30 Kirchen und anderen Gebäuden überliefert. In Spalt (Landkreis Roth) befindet sich eine derartige Hetz-Darstellung als Steinrelief an einer Wand des Hauses Stiftsgasse 10. Das Anwesen gehörte wohl früher zum damaligen Chorherrenstift.

49 Schuldbeladene Seele
Der Klosterbeck von Langenzenn

Hinter den Klostermauern herrscht helle Aufregung. Aus den Vorräten fehlt nun schon der dritte Sack Mehl. »Sicher hast du dich verzählt«, beruhigt der Probst den Augustiner, der den Fehlbestand gemeldet hat. »Nein!«, beharrt dieser und nennt auch gleich einen Verdächtigen. Nur der Bruder Bäcker, der Klosterbeck, hat einen Schlüssel zur Mehlkammer. Nur er kann der Dieb sein.

Der Klosterbeck wird zum Probst gerufen und mit dem Vorwurf konfrontiert: »Bruder Bäcker, der Mammon hat über dein Herz Gewalt gewonnen. Du hast dich am Gut des Klosters vergriffen!« Doch der Beschuldigte leugnet und schwört sogar: »Gottes Strafe soll mich treffen, wenn ich nur so viel gestohlen habe wie eine Maus frisst in einer einzigen Nacht.« Trotz einer Ermahnung des Probstes bleibt der Mönch bei der Beteuerung seiner Unschuld.

Noch ehe ein Jahr ins Land gegangen ist, liegt der Klosterbeck vom Schlag getroffen in der Mehlkammer, eine Hand des Toten hält noch einen Mehlsack fest. Zur letzten Ruhe gebettet wird er im Kreuzgang des Klosters. Auf seinen Grabstein lässt man sein Zunftzeichen, eine Brezel, einmeißeln. Die Seele des unglücklichen Bruders aber findet keinen Frieden. Immer um Mitternacht trägt er einen Mehlsack durch den Kreuzgang zum Kloster hinaus.

So lautet die Sage vom Langenzenner Klosterbeck. Wer heute im gotischen Kreuzgang auf den Spuren der Mönche wandelt, kann tatsächlich auf den Gedanken kommen, die Zeit sei stehen geblieben. Kirche und Kloster der Augustiner-Chorherren, die hier von 1409 bis 1533 wirkten, prägen das Ortsbild bis heute entscheidend. Die Anfänge des Städtchens im Zenngrund aber liegen noch viel weiter zurück: Langenzenn entstand aus der Gründung des Königshofs »Cinna«. Um 1200 wurde die Siedlung zum Markt ausgebaut und um 1330 zur Stadt erhoben. Die Burggrafen von Nürnberg erscheinen 1379 erstmals als Patronatsherren der Kirche. Sie haben 1409 das Augustiner-Kloster gestiftet.

Aus der Ära der Augustiner stammt nicht nur die vierflügelige Klosteranlage mit ehemaliger Küche, Kapitelsaal und Refektorium. In der direkt angrenzenden Kirche können eindrucksvolle Skulpturen und spätgotische Altäre von hohem künstlerischen Wert bewundert wer-

Der Kreuzgang des Klosters gilt als einzigartig in ganz Franken.

den. Herausragend ist das Verkündungsrelief von Veit Stoß aus dem Jahr 1513 in einer Nische des Sakramentshäuschens.

Der weitläufige Kreuzgang mit seinem Kreuzrippengewölbe gilt als einzigartig in ganz Franken. Wo in den Sommermonaten die Klosterhofspiele stattfinden, sucht man heute vergeblich einen Hinweis auf das Grab des sagenhaften Klosterbeck. Doch einmal im Jahr lebt die legendäre Gestalt wieder auf: Am 3. Advent, wenn die Kinder beim Lichterzug mit dem Christkind durch die Straßen ziehen, hat er seinen Auftritt.

Der Mann mit Rauschebart und langem Gewand verteilt auf dem Weihnachtsmarkt seine Gaben an die Kinder: Zuckerdocken, Zuckerreiter und wie die Langenzenner Spezialitäten alle heißen. Und natürlich Spulln, länglich geformte Wecken. Mit dieser guten Tat, so erzählt man sich in dem tausendjährigen Städtchen mit einem Augenzwinkern, will der Klosterbeck erreichen, dass seine schuldbeladene Seele Frieden findet.

Horst M. Auer

INFOS

Pfarrkirche und Klosteranlage der Augustiner-Chorherren ergänzen sich in Langenzenn zu einem ansehnlichen Ensemble. Der frei zugängliche Klosterhof mit dem gut erhaltenen Kreuzgang bildet seit über 30 Jahren die stimmungsvolle Kulisse für die Theateraufführungen der sommerlichen Klosterhofspiele. Die Trinitatiskirche, in der Regel tagsüber geöffnet, ist das Wahrzeichen der Stadt. Zu ihren Kunstwerken zählen mehrere Altäre aus der Nürnberger Schule und ein Epitaph von Veit Stoß. Im Mittelalter war das Gotteshaus ein Pilgerziel, und das kam so: 1388 verwüsten Nürnberger Truppen im Städtekrieg Langenzenn. Wie durch ein Wunder übersteht aber in der Stadtkirche eine durch Brandruß geschwärzte Marienfigur das Feuer. Deshalb setzt eine große Wallfahrt zur schwarzen Maria von Langenzenn ein. Um der Bedeutung des neuen Wallfahrtortes gerecht zu werden, gründen die Burggrafen von Nürnberg 1409 das Augustiner-Chorherrenstift.

50 Hoch zu Ross ins Bett
Die Reittreppe der Wülzburg bei Weißenburg

Markgraf Georg Friedrich soll eine korpulente Erscheinung gewesen sein und fast vier Zentner gewogen haben. Wegen seiner Leibesfülle mochte er sich lieber zu Pferd als zu Fuß fortbewegen. Sogar in die herrschaftlichen Räume seines Schlosses auf der Wülzburg begab er sich angeblich hoch zu Ross: Dem Markgrafen wird nachgesagt, ins Schlafgemach im ersten Stock oder in den großen Festsaal im obersten Geschoss immer hinaufgeritten zu sein.

Die Reitschnecke genannte Reittreppe ist eine kuriose Besonderheit der Festung hoch über Weißenburg. Streng genommen handelt es sich um eine Rampe mit regelmäßig eingebauten Tritthilfen, die an Stufen erinnern. Diese flachen und in entsprechender Trittweite angebrachten Stufen aus Ziegeln tragen auf der sichtbaren Vorderseite zum Teil reizvolle Muster. Offenbar waren die Stufen dazu gedacht, das Abrutschen der Pferdehufe zu verhindern. Vom Hof bis zum Dach reicht die Rampe, die um einen schachtartigen Mittelpfeiler im Südflügel des schlossähnlichen Bauwerks ansteigt.

Allerdings erscheinen Zweck und Bestimmung der eigenwilligen Konstruktion nicht ganz eindeutig. Zwar hält es auch der Weißenburger Stadtheimatpfleger Helmuth Richter für sehr wahrscheinlich, dass einst Pferdehufe über die mächtige Rampe getrampelt sind. Die Reittreppe dürfte aber eher dazu benutzt worden sein, mithilfe von Packpferden oder Lasteseln große Mengen von Getreide und andere Vorräte nach oben zu schaffen: »Das wäre die plausiblere Erklärung, denn der Dachboden hat als Speicher gedient.« Für diese Version spricht auch, dass sich der Markgraf zu selten auf der Wülzburg aufgehalten hat, um den großen Aufwand für den Bau einer Reittreppe zu rechtfertigen.

Georg Friedrich hatte die Artillerie-Festung auf der Bergkuppe bei Weißenburg ab dem Jahr 1588 als südliches Gegenstück zur Kulmbacher Plassenburg errichten lassen. Die fünfeckige Wehranlage gilt mit ihren gewaltigen Bastionen und dem großen Graben als eindrucksvolles Beispiel der Festungsbaukunst und als eines der bedeutendsten Bauwerke der Renaissance in Deutschland. Das prachtvolle Portal mit dem Wap-

Für Reitpferde oder Lastpferde wurde die Treppe im Schloss gebaut.

pen des Bauherrn und dem seiner Gemahlin weist auf ein Repräsentationsbedürfnis, wie es für eine Militäranlage eher selten ist.

Großes Misstrauen gegen die Wülzburg hegten die reichsstädtischen Weißenburger, die in dem Symbol markgräflicher Macht in allernächster Nähe ein Gefahrenpotenzial erblicken mussten. Guten Grund dazu hatten sie, denn bereits beim Probeschießen 1595 erlebten sie hautnah eine Demonstration der Wülzburger Geschützreichweite: Einige Kugeln gingen in den Obstgärten vor der Stadtmauer nieder, ein weiteres Geschoss schlug mitten in der Stadt neben einer tanzenden Hochzeitsgesellschaft ein.

Heutzutage werden enorme Anstrengungen unternommen, das Baudenkmal von nationaler Bedeutung zu erhalten. Zu den großen Sehenswürdigkeiten der Wülzburg mit dem (unvollendeten) Schloss zählen der Tiefe Brunnen, die Rossmühle und das Verlies in der Bastion »Krebs«. Große Beachtung verdienen auch die klassizistischen Zisternen, mit deren Hilfe man einst durch ein ausgeklügeltes System Regenwasser sammelte.

Im Ersten Weltkrieg wurde die weiträumige Festung zum Gefangenenlager. Prominentester Insasse war der spätere Staatspräsident Frankreichs, Charles de Gaulle. Er soll mehrere vergebliche Fluchtversuche unternommen haben – einmal sogar in einem Wäschekorb.

Im Dreißigjährigen Krieg musste die Wülzburg kampflos an die Truppen der katholischen Liga unter Tilly übergeben werden. Auch vorher und nachher ist die Festung nie zerstört worden. Den einzigen größeren Schaden richtete im Jahr 1634 ausgerechnet die Köchin an: Sie ließ das Fett in der Pfanne anbrennen und legte so das gesamte Schloss in Schutt und Asche.

Horst M. Auer

INFOS

Die Wülzburg liegt einige Kilometer östlich von Weißenburg auf einer 630 Meter hohen Bergkuppe. Die ansbachische Hohenzollernfestung ist von Mai bis Mitte Oktober samstags von 13 bis 17 Uhr sowie an Sonntagen und Feiertagen von 11 bis 17 Uhr geöffnet. Während der bayerischen Pfingst- und Sommerferien ist die Wülzburg täglich zugänglich. Stündlicher Beginn der Führungen durch dunkle Gänge und hoch auf die Bastionen mit weitem Blick in die Umgebung. Gezeigt wird auch der Tiefe Brunnen, der 143 Meter in den felsigen Untergrund hinab reicht und damit in der Liste derartiger Brunnen in Deutschland ganz weit oben steht. Info-Telefon 09141/907-124. Sehr interessant ist die römische Vergangenheit Weißenburgs, die man sich im Römermuseum, in der Freiluftanlage des Kastells Biriciana oder in den antiken Thermen erschließen kann. Nicht weit entfernt, bei Ellingen, sind die Reste des Römerkastells Sablonetum erhalten.

Veranstaltungskalender

Januar	Sonntag nach dem Sebastianstag (20. Januar): Pest-Prozession in Abenberg
März	Samstag um den 3. März: Kunigundenfest in Bamberg
Mai	etwa Mitte des Monats: Einbau der Wasserräder bei Möhrendorf
Mai	Schloss- und Gartentage Schloss Dennenlohe
Juni	Johannistag: Dankprozession in Spalt
Juli	erster Sonntag des Monats: Kunigundenfest in Lauf
Juli	zweiter Sonntag des Monats: Heinrichfest in Bamberg
Im Sommer	Heimatspiel »Die Nürnberger Reis« in Spalt (im Rhythmus von fünf Jahren, 2015 und folgende)
Im Sommer	Klassik- und Operntage Schloss Dennenlohe

Bildnachweis

Register